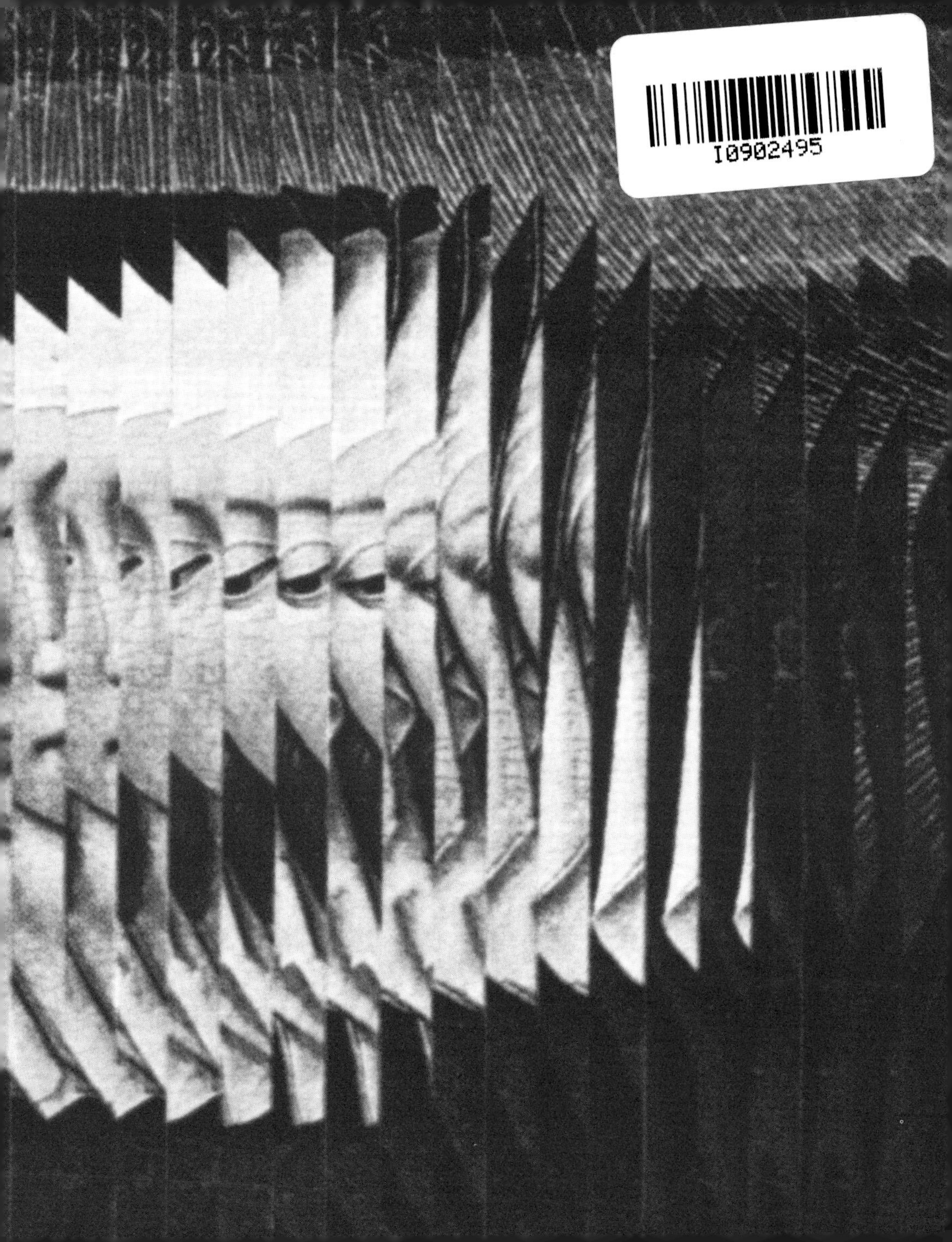

A USER'S MANUAL

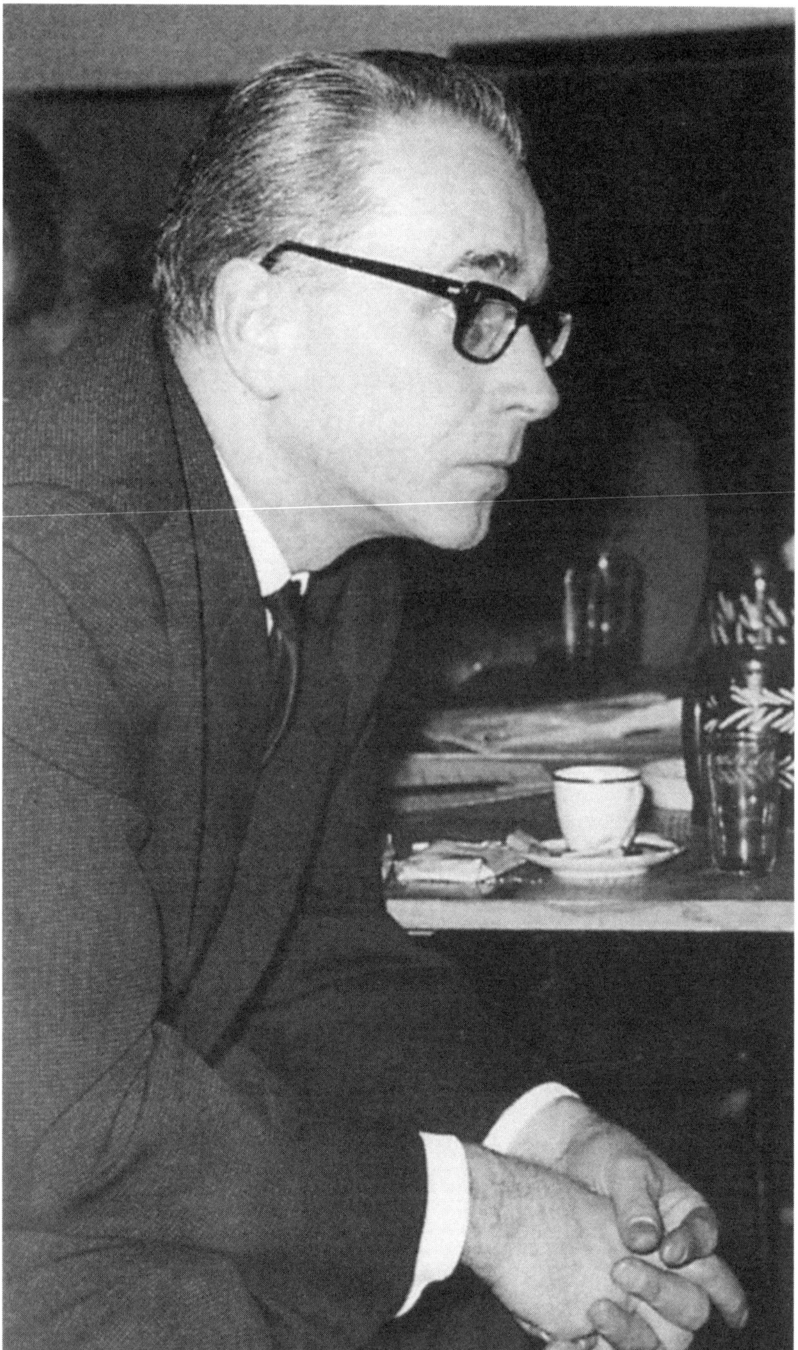

Jiří Kolář

A USER'S MANUAL

Translated from the Czech by Ryan Scott

Collages by the Author

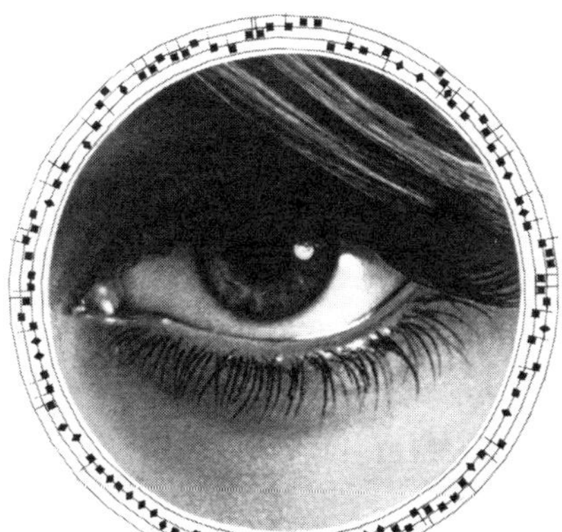

TWISTED SPOON PRESS

PRAGUE

2019

ISBN 978-80-86264-54-7

The translation and publication of this book was made possible by a grant from the Ministry of Culture of the Czech Republic.

MINISTERSTVO KULTURY

CONTENTS

WEEK

1

NAME

Sit down at the table
and clear your mind
Take a pen
and write your beloved's first name
across a sheet of blank paper
Stand up suddenly
run to the door
throw it open
wait gripping the handle
close it
silently sit back down
read aloud the name on the paper
Zigzag other names across the page
jump up
toss away the pen
run out to the hall
stand in the doorway and say:
"Again no one!"

Turn to face inside
rub your face and whisper:
"Again everyone!"

• SIAMESE TWINS ☞

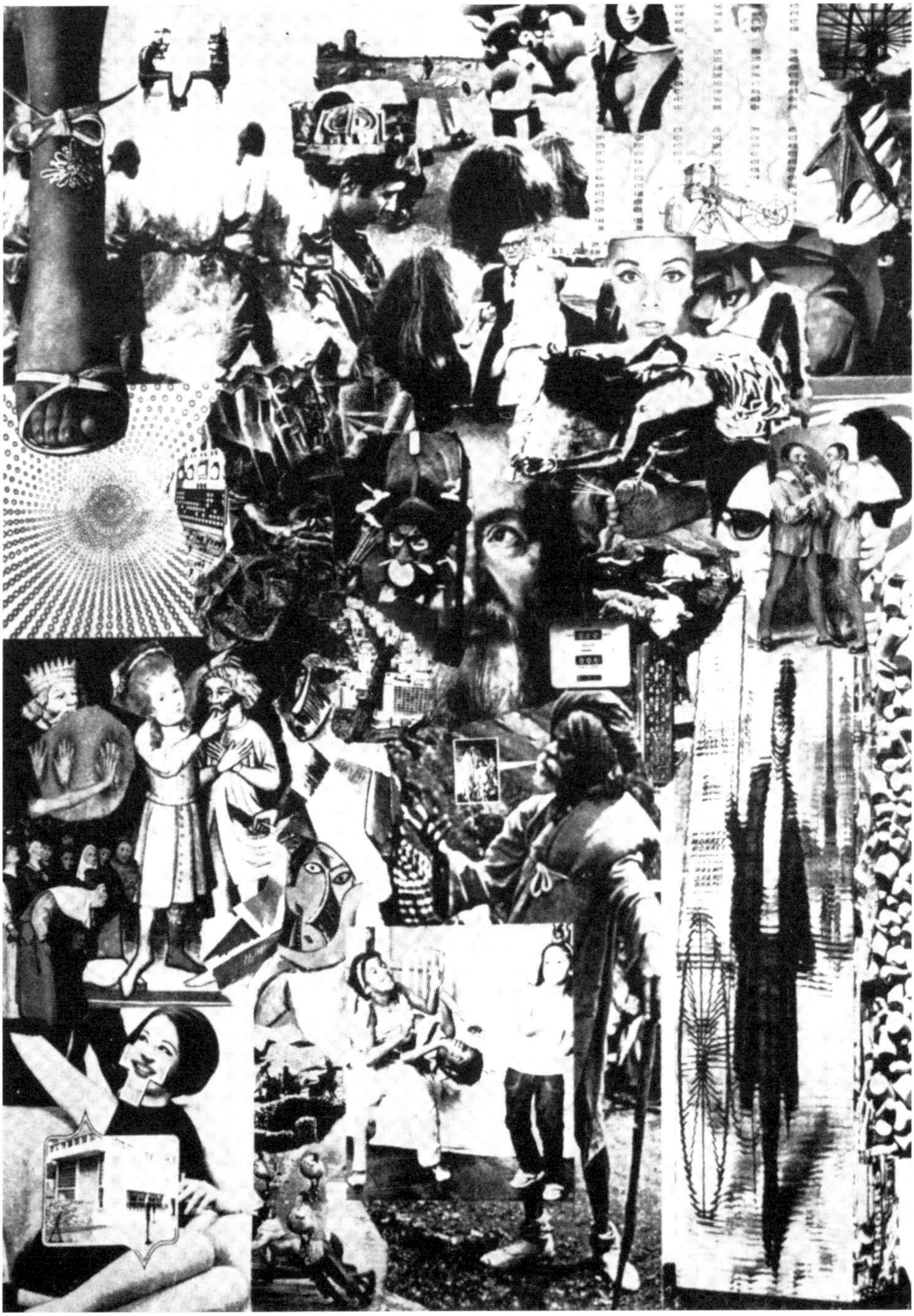

WEEK

2

WHERE IS SHE?

Wind a blank sheet of paper
into a typewriter and
christen everything
around you
For example: Charles Table
Mary Book etc.
Give some objects a date of birth
others a birthplace
and others a biography or distinguishing feature
in the middle of work
run in front of the house
carefully survey your surroundings
and ask the heavens:
"Wasn't someone here?"

Wait for an answer
Then throw your arms up in disappointment
look at your watch and say to yourself:
"A quarter to five,
where is she?"

• HOMAGE TO P. PICASSO ☞

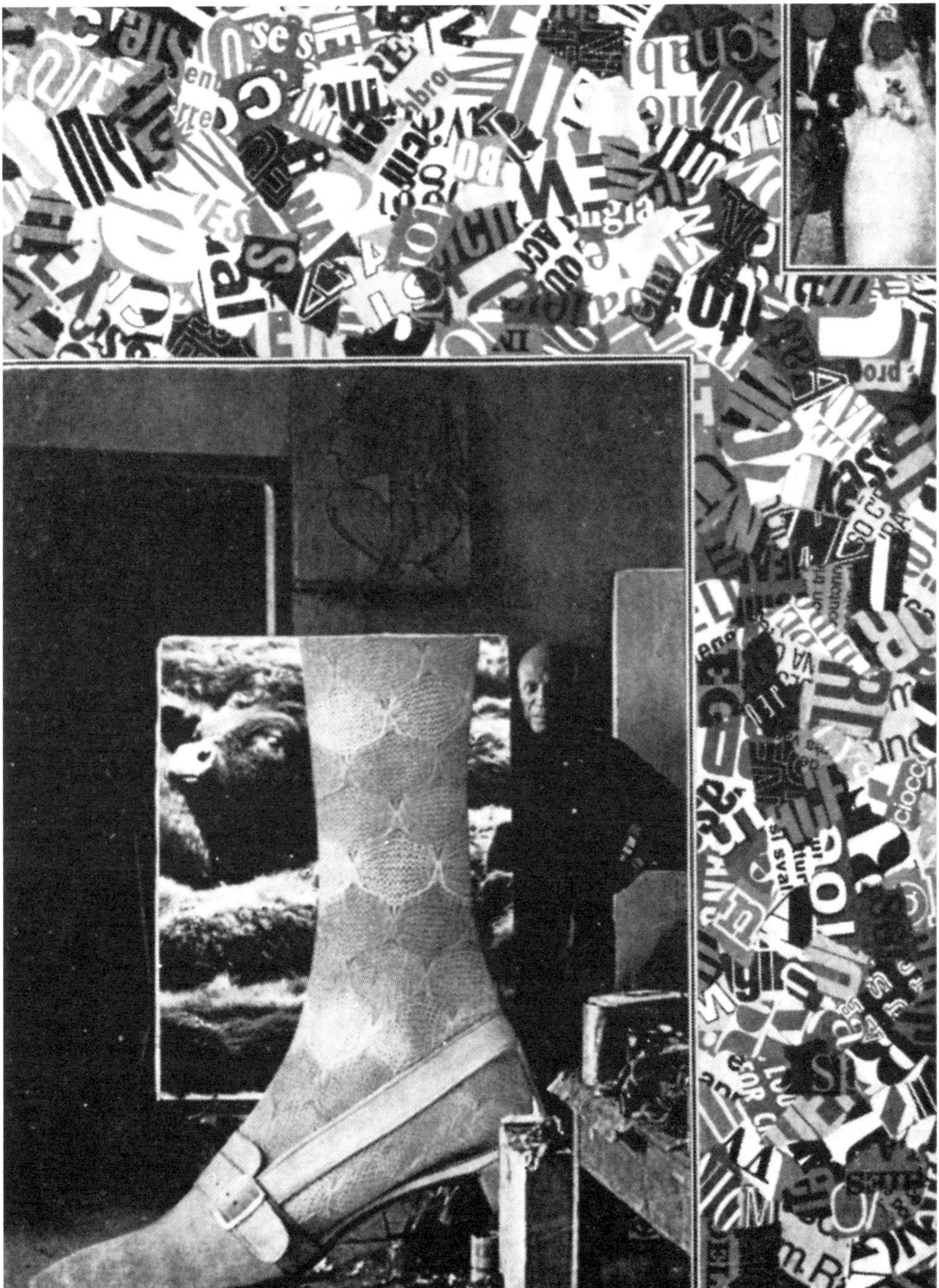

WEEK

3

WHO CAN IT BE?

In the middle of the room lie supine
close your eyes
and summon all the people around you
the birds
the animals and the things
you've recognised
or desired
Get up
stand on tip-toes
and try to count everyone who should've come
Stop suddenly
approach the door
listen with your ear against the padding
look through the keyhole
place your ear to the floor
put index finger to lips
signal silence to the ceiling
stand up
cup your ears
listen to the ceiling
and with index finger to lips
shush the floor
afterward look around the room and ask:
"Someone is coming, who can it be?"

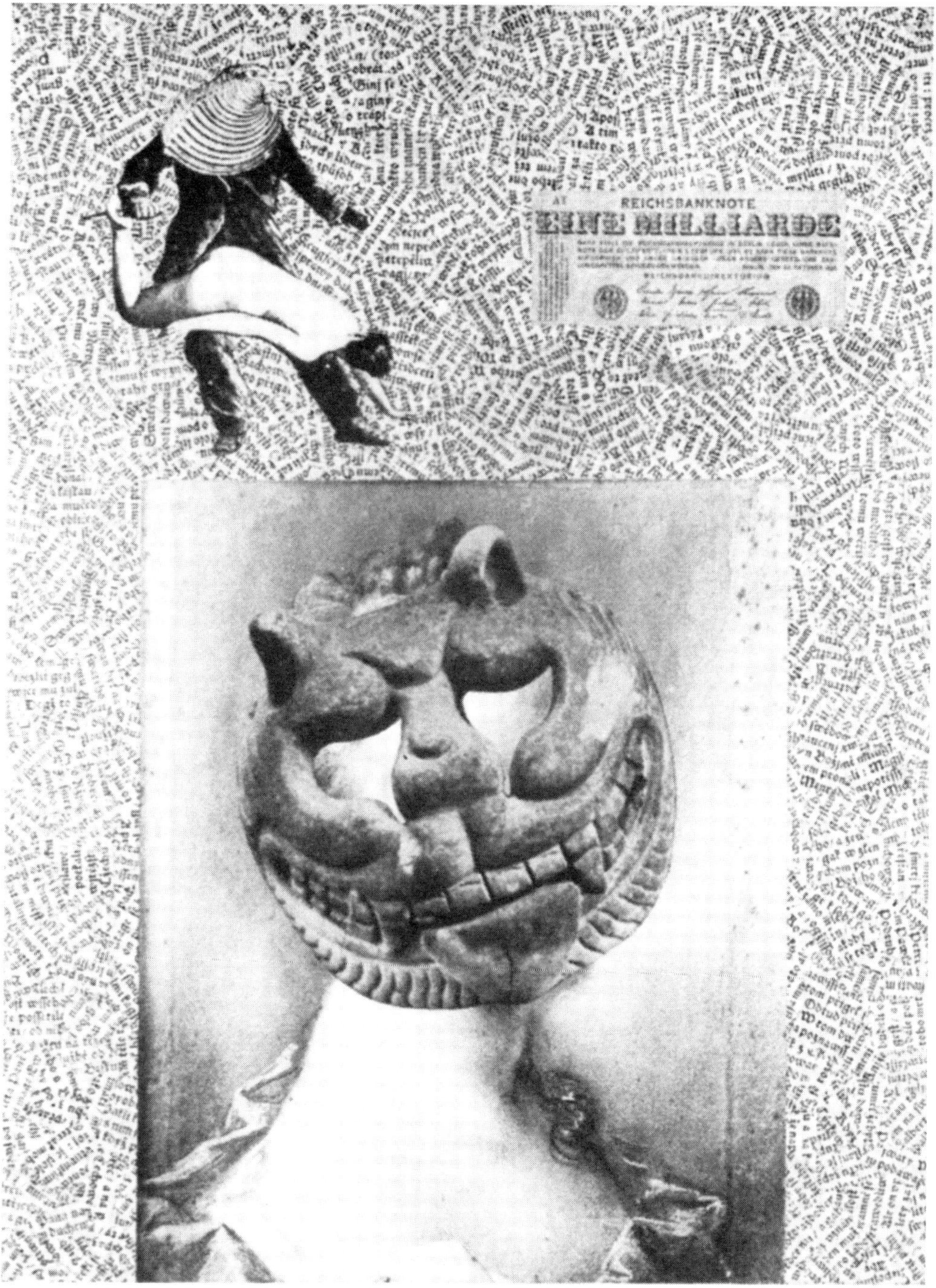
REICHSBANKNOTE
EINE MILLIARDE

WEEK

4

NO ONE EVER

On the floor draw a square
circle
triangle
and trapezoid
Place into the shapes
an everyday object
a book
an appliance
and stand in the last one yourself
— test out all sixteen combinations
that can be formed
Then switch on the radio
undress
attach to your naked body the object
book or appliance
clear your mind of thoughts
remain calm for several seconds and say:
"I have loved you from the moment I first saw you . . ."
Listen attentively and after a moment reply:
"I have hated you from the moment I first saw you . . ."
Listen attentively and after a while continue:
"No one has ever loved and hated you as much as I."

• GRISSOM WHITE CHAFFEE

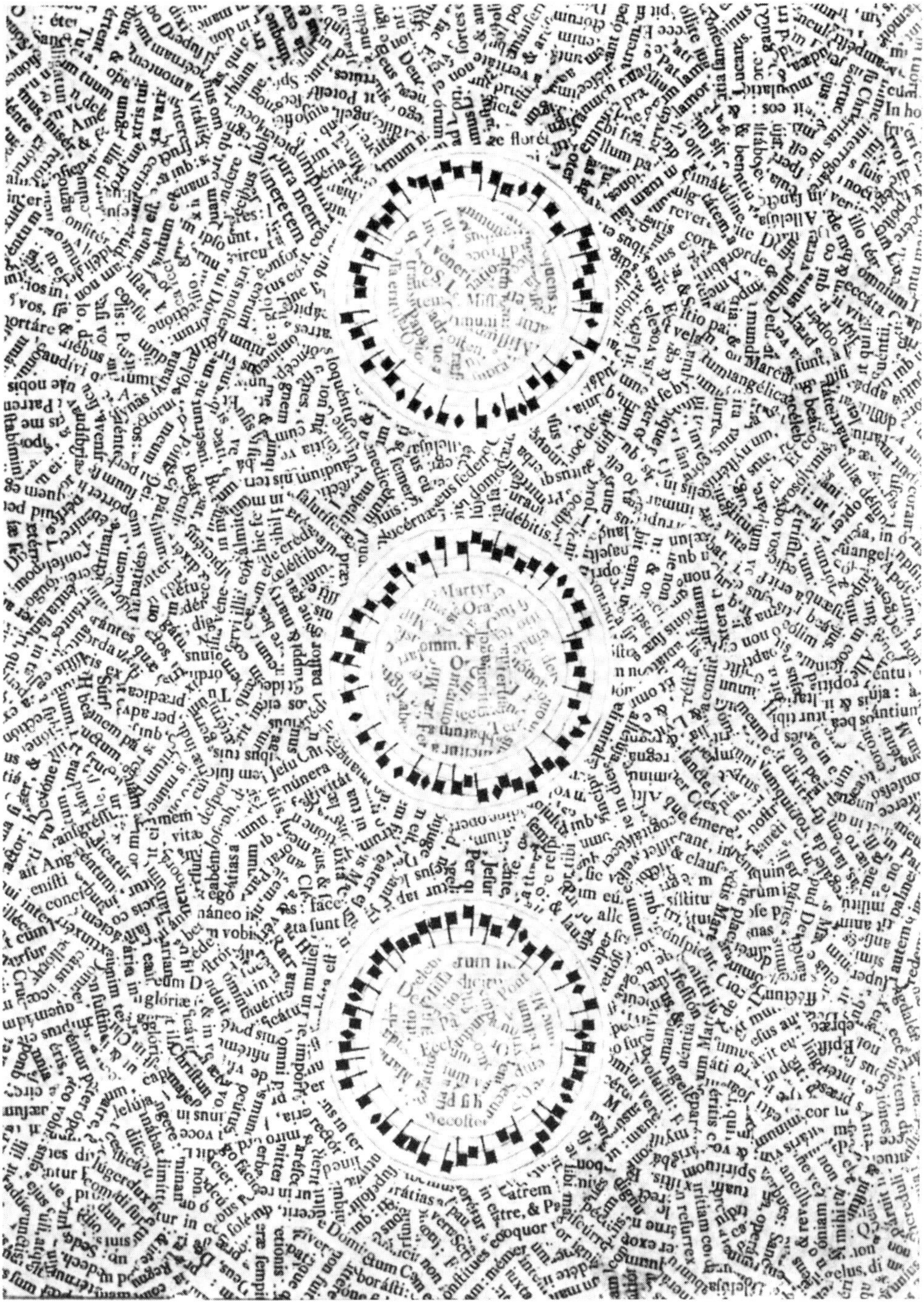

WEEK

5

A TRIBUTE TO FLIES SPIDERS FISH MICE AND DOGS

Wait for rain
and go buy
flypaper
a broom
fishing rod
trap
and dog collar

On the way don't utter a single word

At home light three candles
of different sizes
in front of them place a book of poems
a book on the universe
and a book of philosophical treatises
Then trample the flypaper
snap the broom
break the rod
smash the trap
cut the collar
and burn it all
or throw in the trash

[illegible]

WEEK

6

LAST YEAR'S SNOW

Take sheet after sheet
of typing paper
and cover the table
chair
radiator
floor
anywhere
a piece of paper can lie
until the entire room turns white
Then lie down in the uncovered place
cover yourself
shut your eyes
and thinking about last year's snow
relax a moment

• THE LAST CAVE ☞

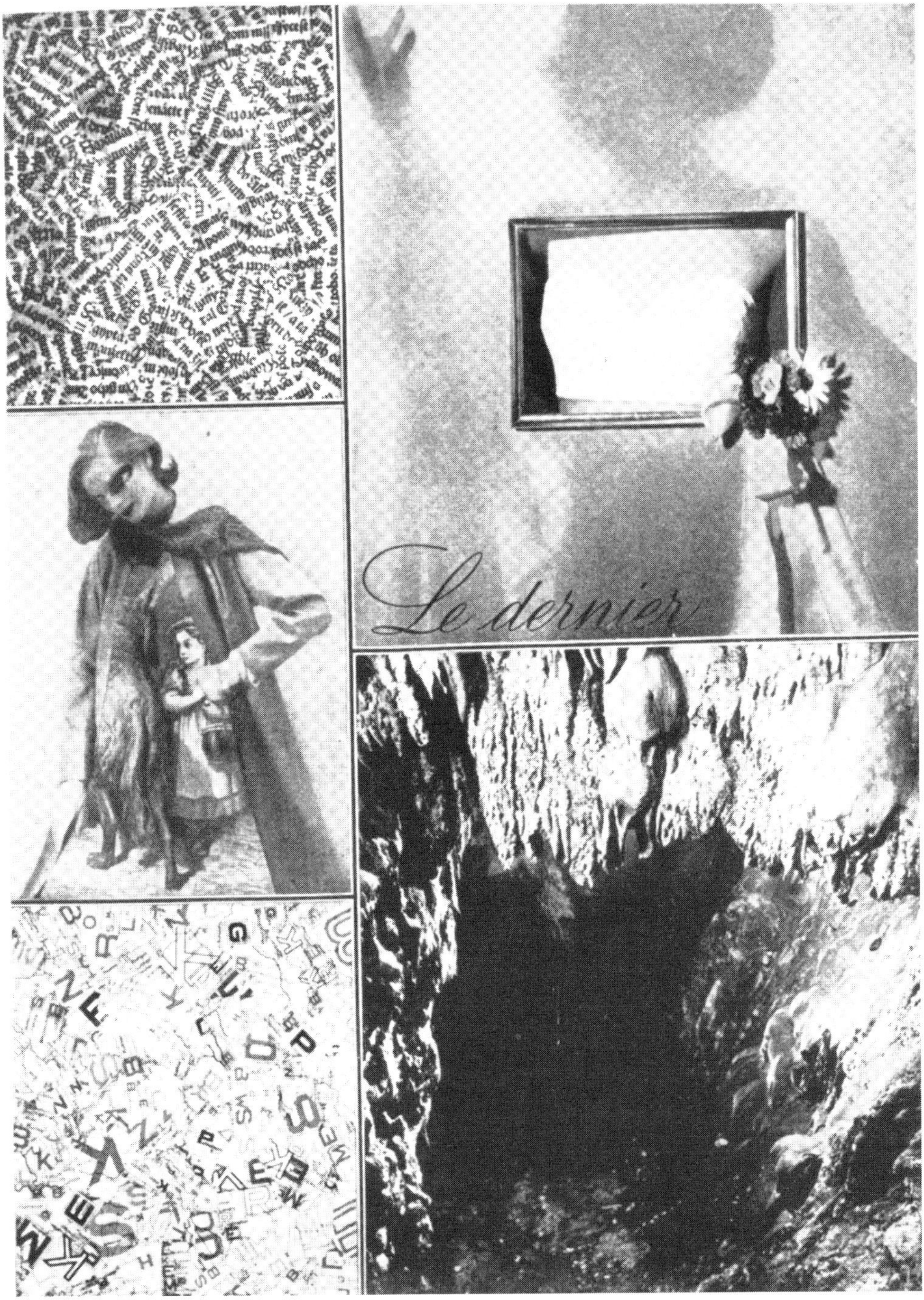
Le dernier

WEEK

7

HOMAGE TO COLUMBUS

In a store or repair shop
for fountain and ballpoint pens
ask for the pieces of paper
on which customers have tested
if the pens work properly
and from these scribbles make
at least one hundred little boats
If this isn't possible
or you're shy
use a ship train or flight schedule

At night take several cups
baking trays or other dishes
to the bathroom
and fill them with water
Later fill the sink and bath too
place the little boats on the waiting water
and go to sleep
If you feel like it
listen awhile to a news broadcast
or music

• HEADLESS JEALOUS MAN ☞

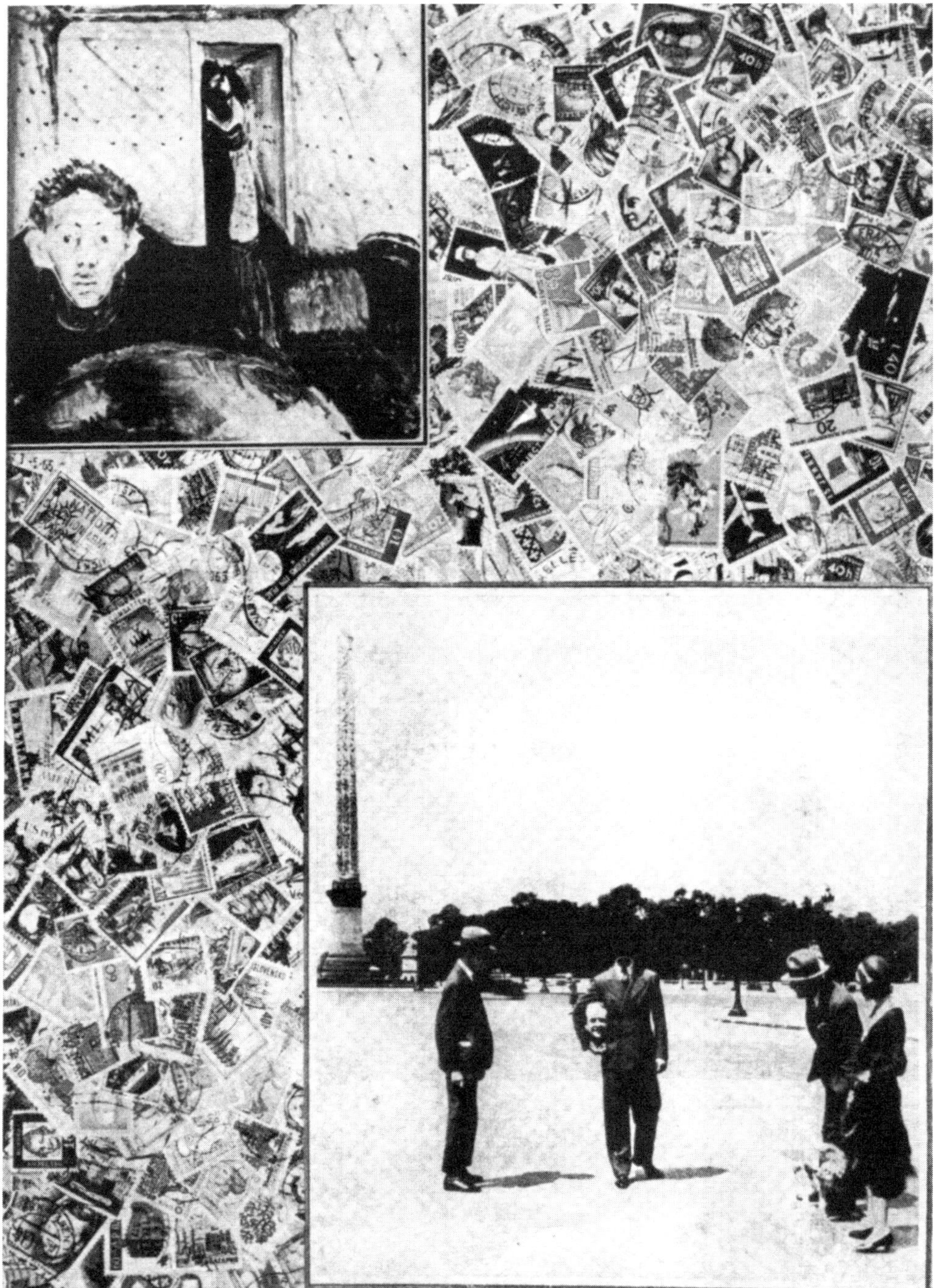

WEEK

8

DISRUPTIVE

Scatter several handfuls
of small change
around a grade school
just before the end of classes
and leave
At the first stationer's
buy an exercise book
and fill it completely
with the alphabet
math problems
dictations
texts copied in cursive
and as punishment write one hundred times:
I do not pay attention and am disruptive!

Sign the punishment
in the name of your mother and father
Adam and Eve
or some other couple
Duly smudge
scrawl on
even dirty the cover
and place into the bookshelf

• DEATH OF A SCIENTIST ☞

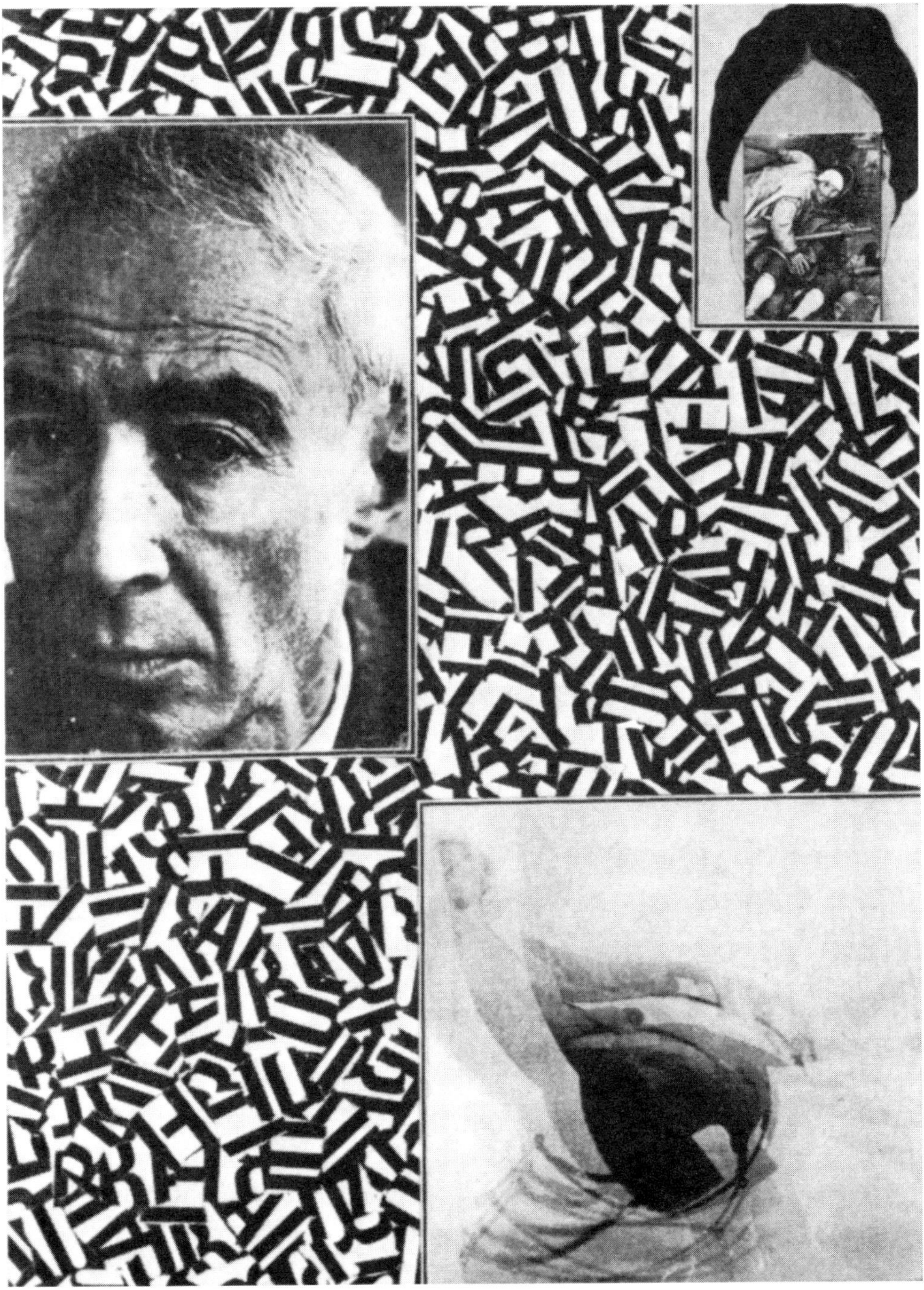

WEEK

9

LIPS

After bath and breakfast
apply lipstick
to make your lips twice as large
and wear it the whole day
until you've finished dinner
and gone to bed

• CONVERSATION ☞

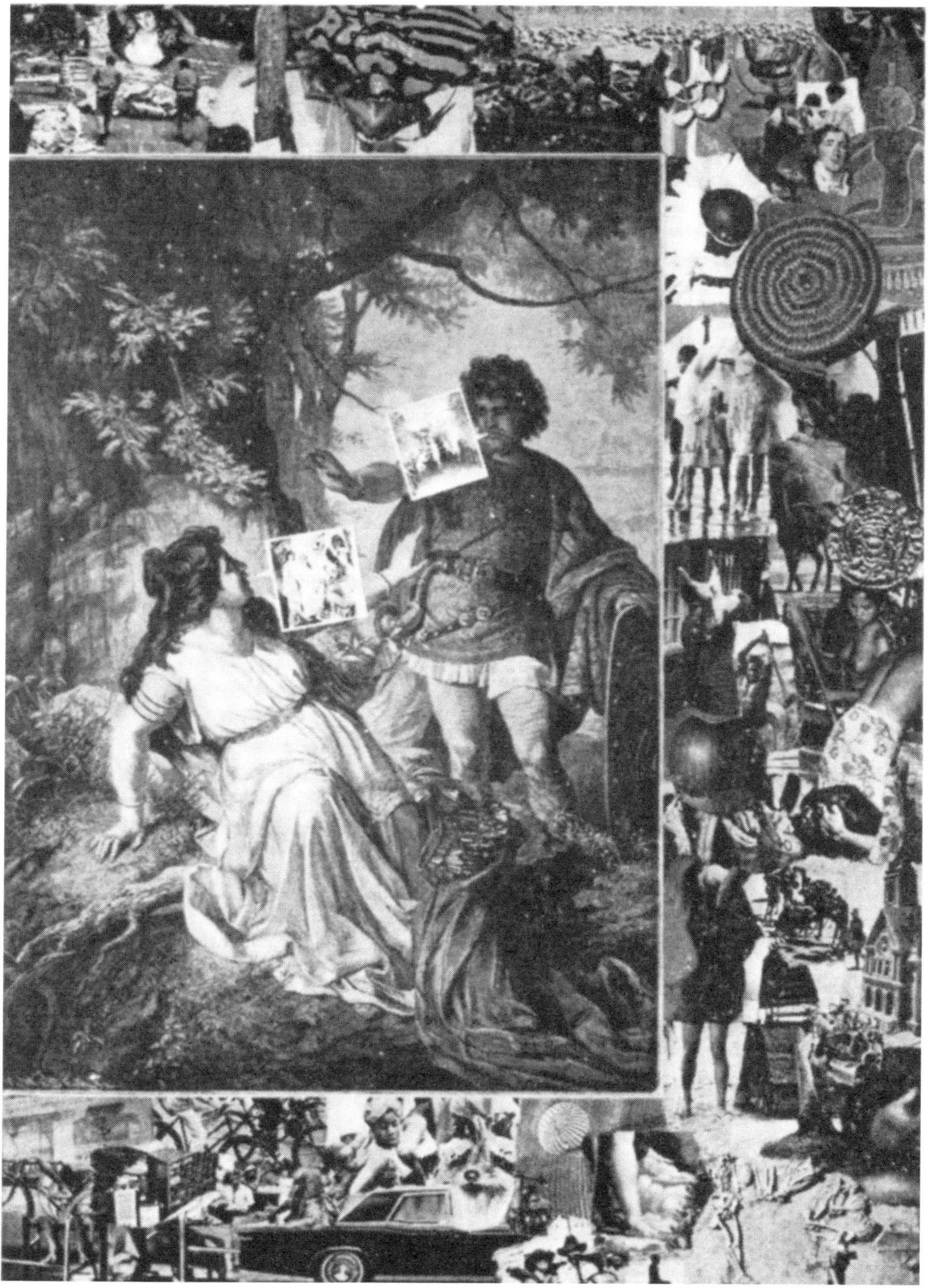

WEEK

10

A LETTER

Go to your mailbox
and everything
the post office has delivered
tear up
and scatter to the wind
without being certain
who sent or wrote what
Then send all your friends
offices or associates
with whom you are in regular contact
a blank letter

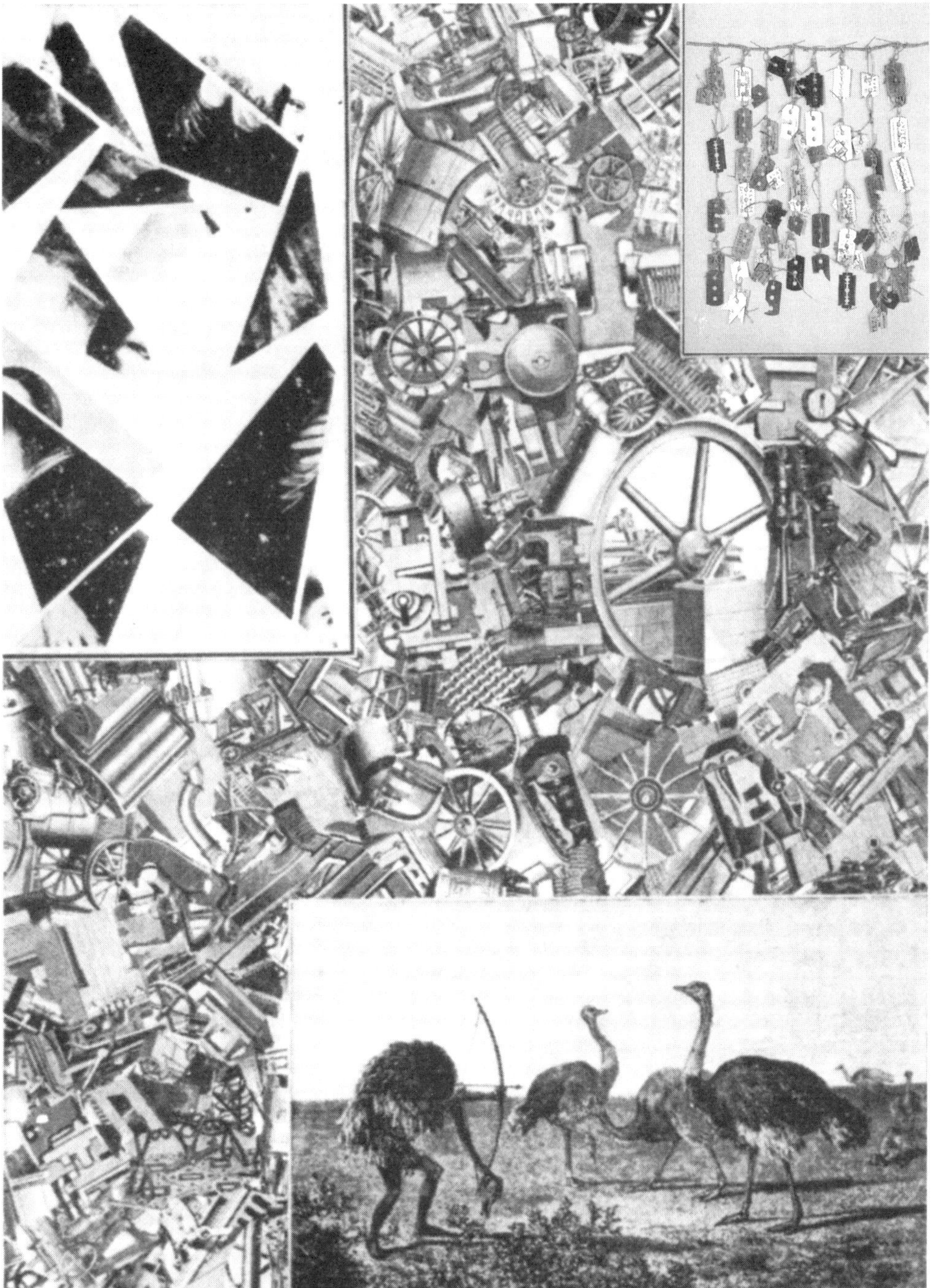

WEEK

11

FISH

All day
from the moment your eyes open
until you close them at night
without disrupting
your daily routine
don't say a word

The next day
buy a live fish and release it in the river

• GREETINGS TO A STRANGER ☞

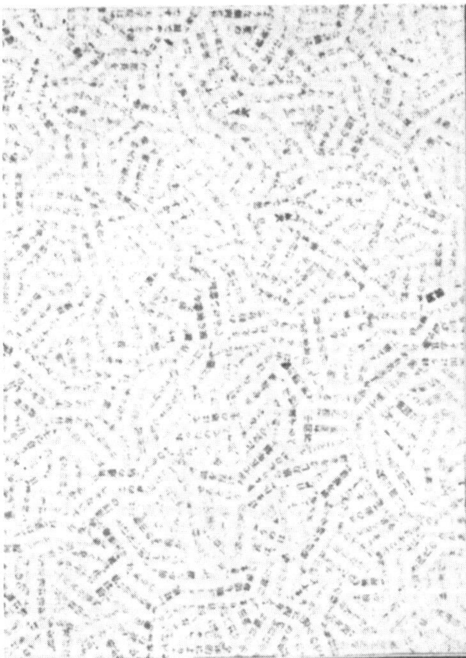
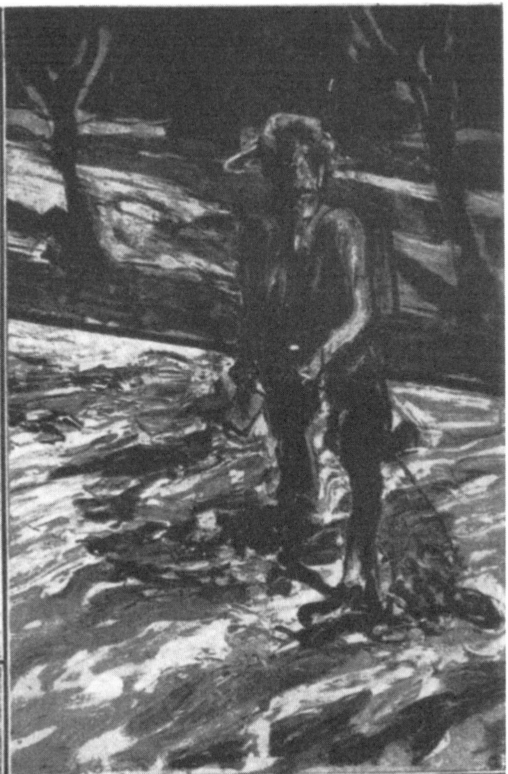
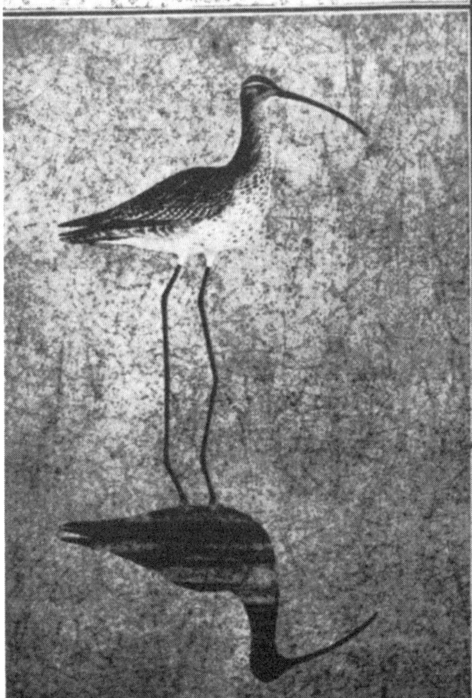
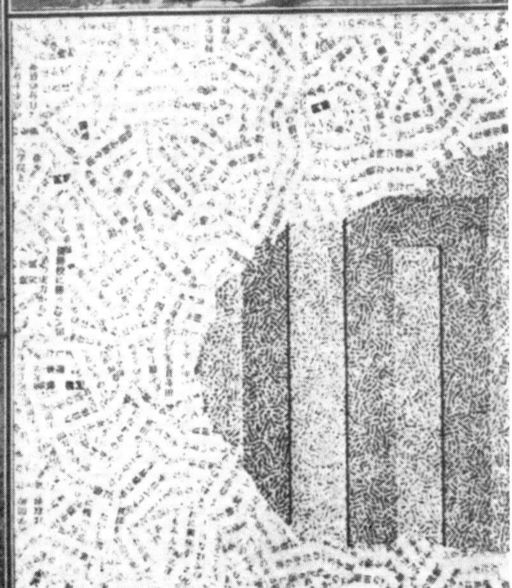

WEEK

12

CHEMICAL FORMULA

Ask a random child
to sing you
her dearest song
Say hello to a rubbish bin
pour a bottle of perfume down the drain
buy a lottery ticket
don't look at the number
and give it to
an old woman or man you don't know
and write thirteen chemical formulas of poetry
such as this:
C 51 H6 /Mé-i/2/F J4-Ba/7/e/2/a K éY/3/RD5/21

• ODOL ☞

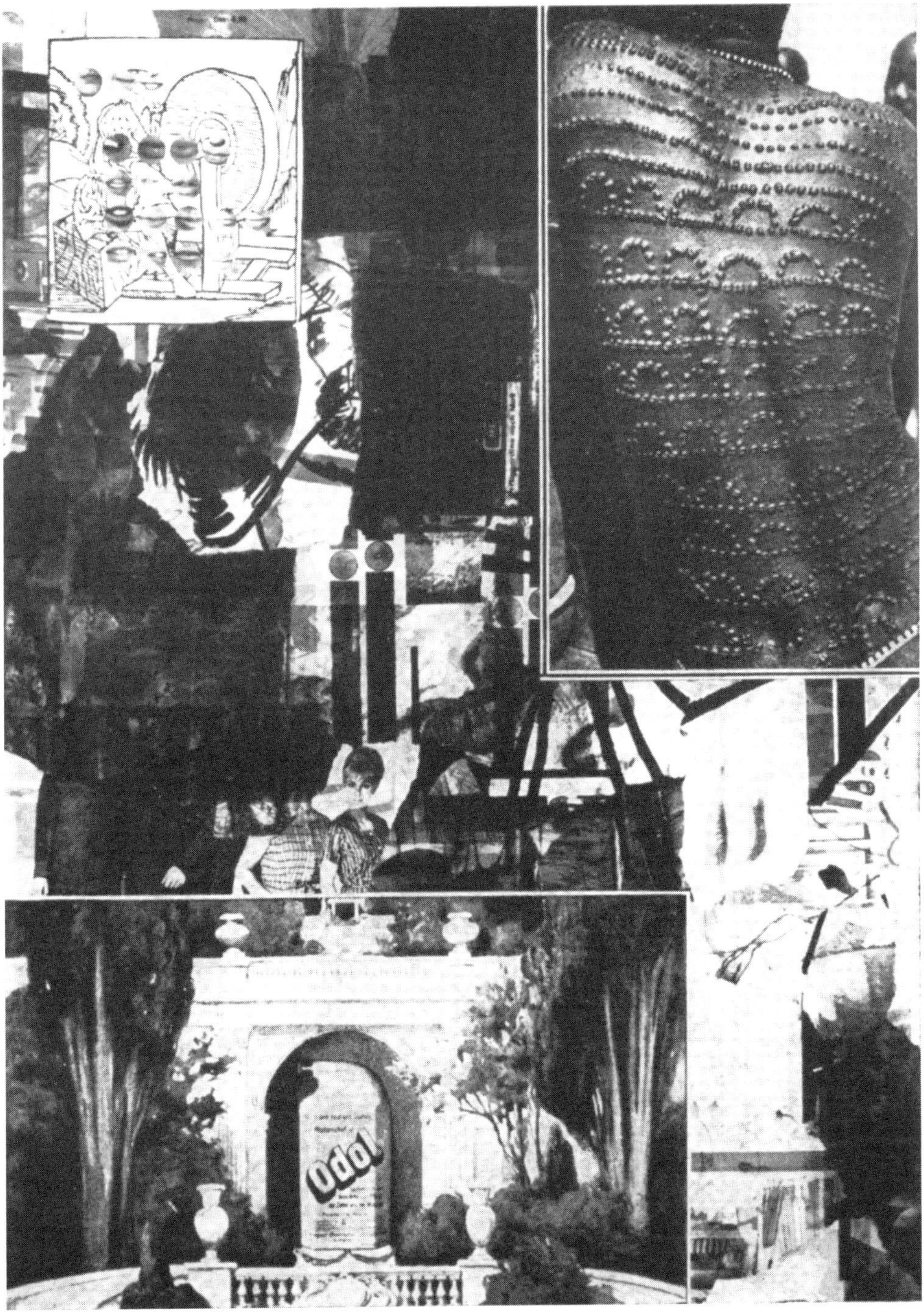
Odol

WEEK

13

PATH

Go
empty-handed
on foot or by train
to a town
where you know no one
and spend three days there
When hungry
ask for bread
when thirsty
ask for water
Spend the night where possible
and every day ask
nine people about a person
with the same name as yours
with the same destiny as yours

• HOMAGE TO J.B. ☞

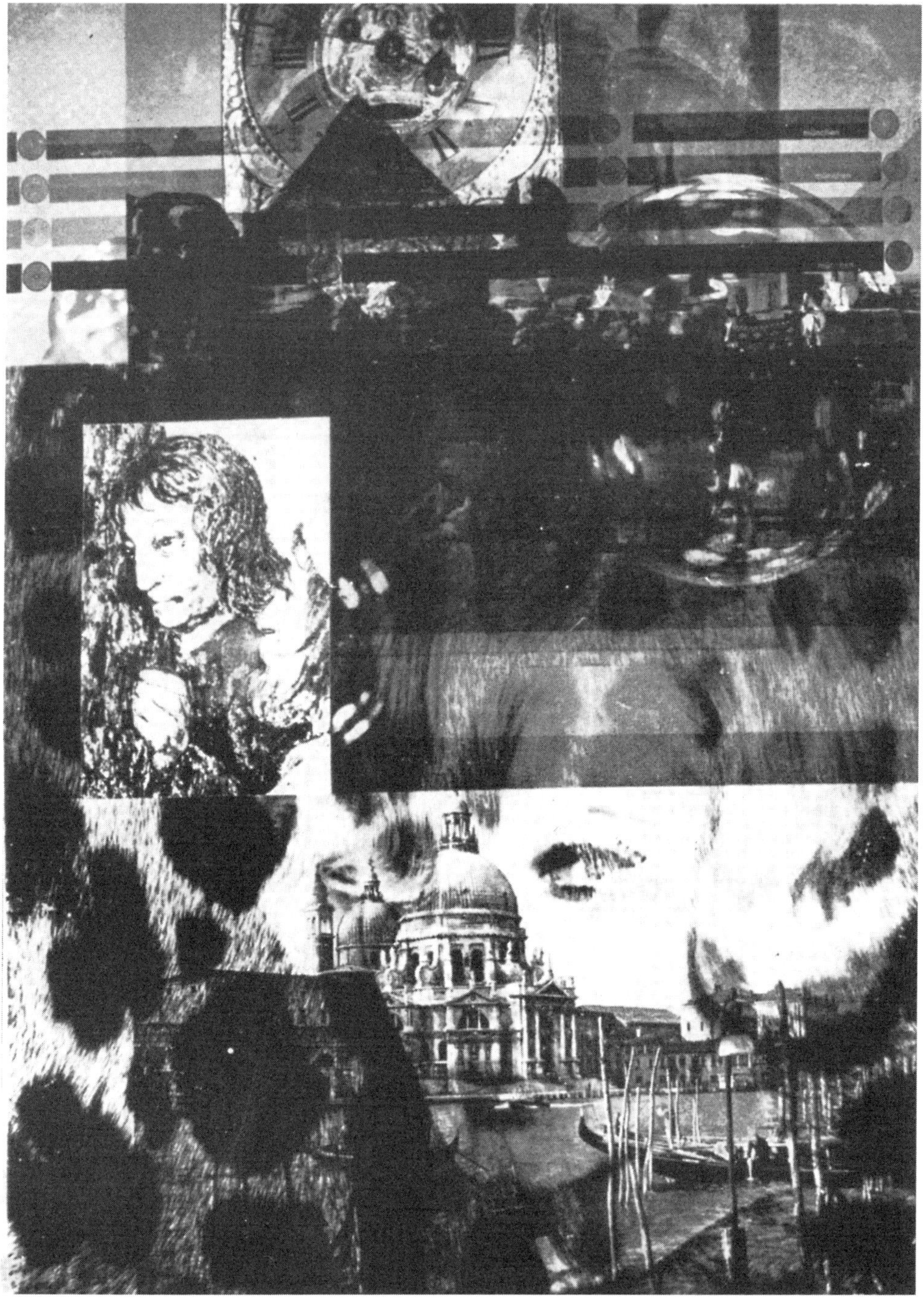

WEEK

14

DANCE

Dance
as though for your very life
Wait a moment for the applause
bow
smile
wait once more
thank them again
wait once again
disappointed squeeze through the crowd
take a tray
offer food
drinks
cigarettes
speak in foreign tongues
answer questions
show someone the way to the toilet
welcome one person
say goodbye to another
join a discussion
Then take a shammy
or a strip of newspaper
and start cleaning the windows

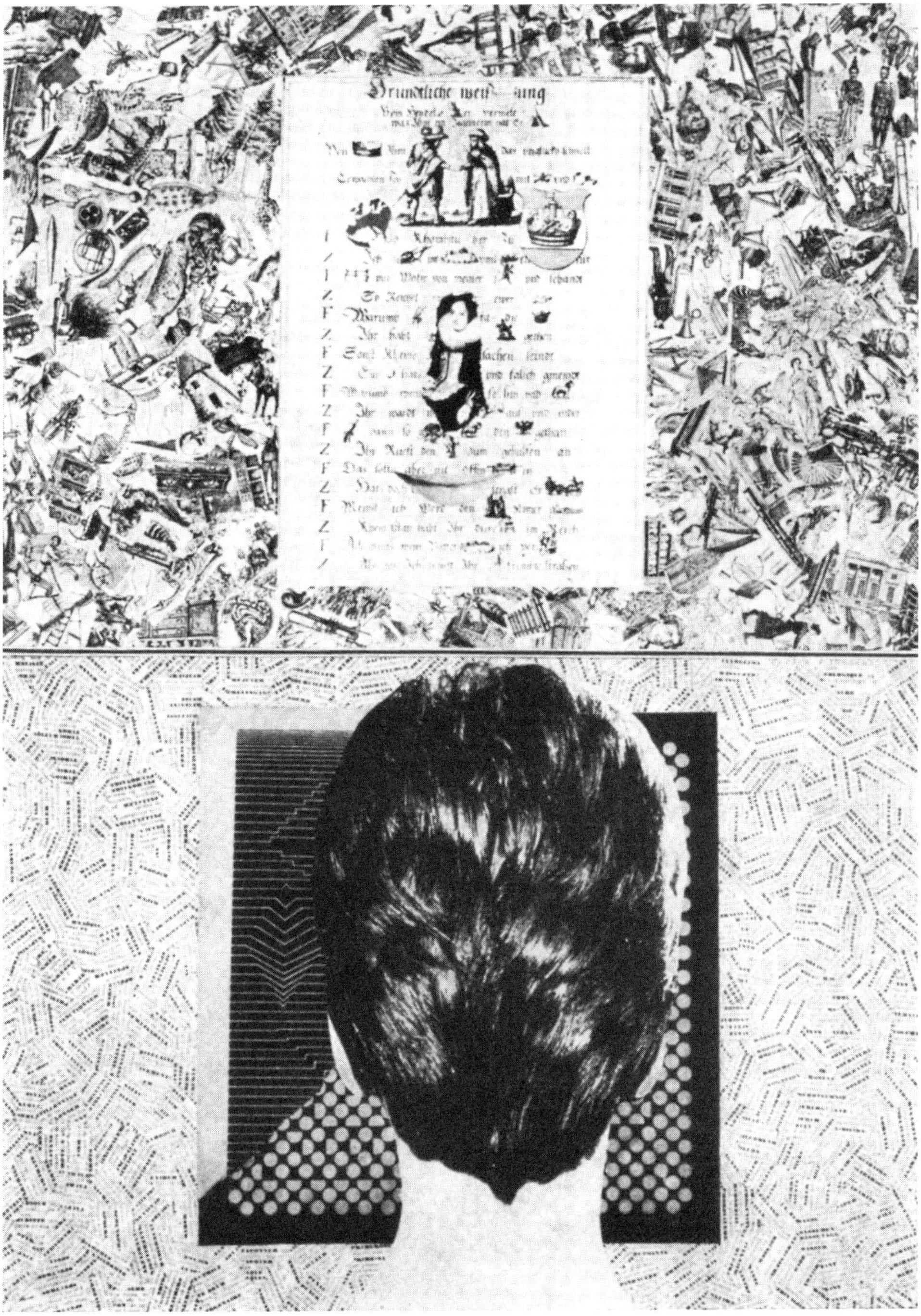

WEEK

15

FACE THE WALL

Remove the pictures from the wall
get rid of the carpet
gather the furniture in the centre of the room
cover it with wrapping paper
as if preparing to paint
stand in the corner facing the wall
and stay there as long as you can

• QU AND X ☞

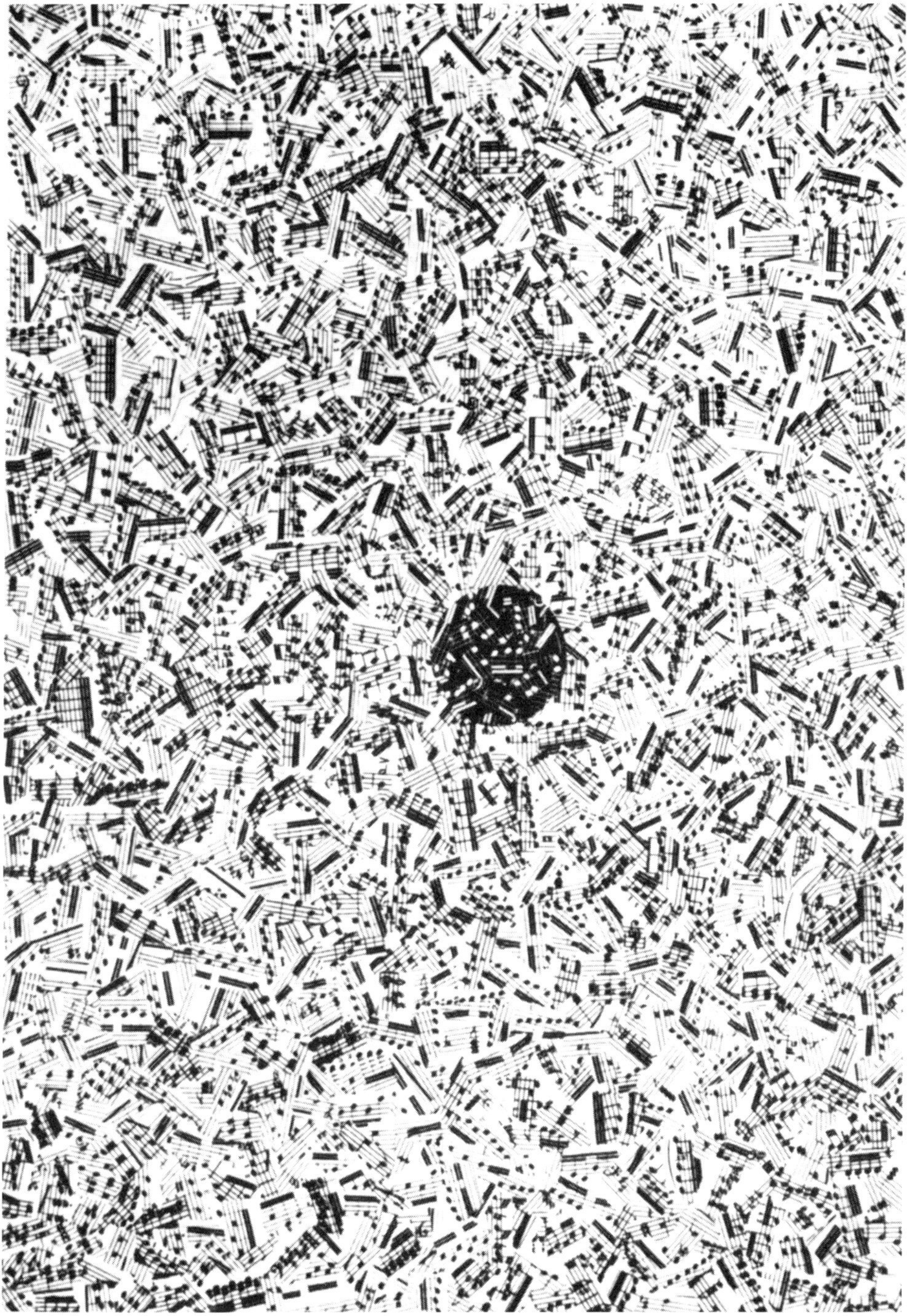

WEEK

16

HOME MUSEUM

In a corner of an empty room
pile together all the objects
you can find at home
whether dishes
laundry
tools
books or whatever
and one
by one
as your hand takes them
hang them around the walls
as customary in museums
chateaux armouries or castles

• A TEST ☞

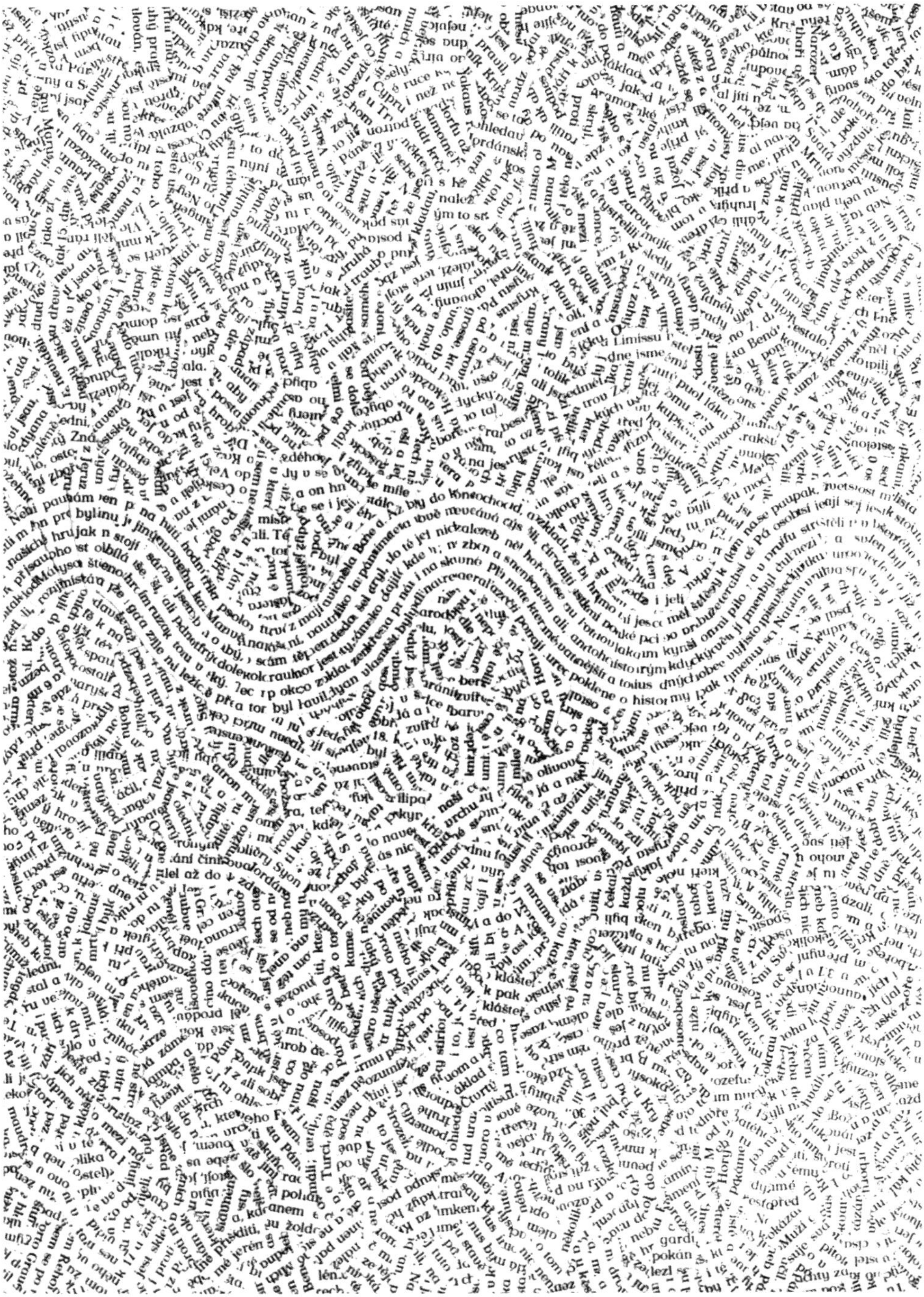

WEEK

17

POEM OR PAINTING

Empty a room
lock, stock, and barrel
and sign the doorstep
as though you were signing
a poem or painting

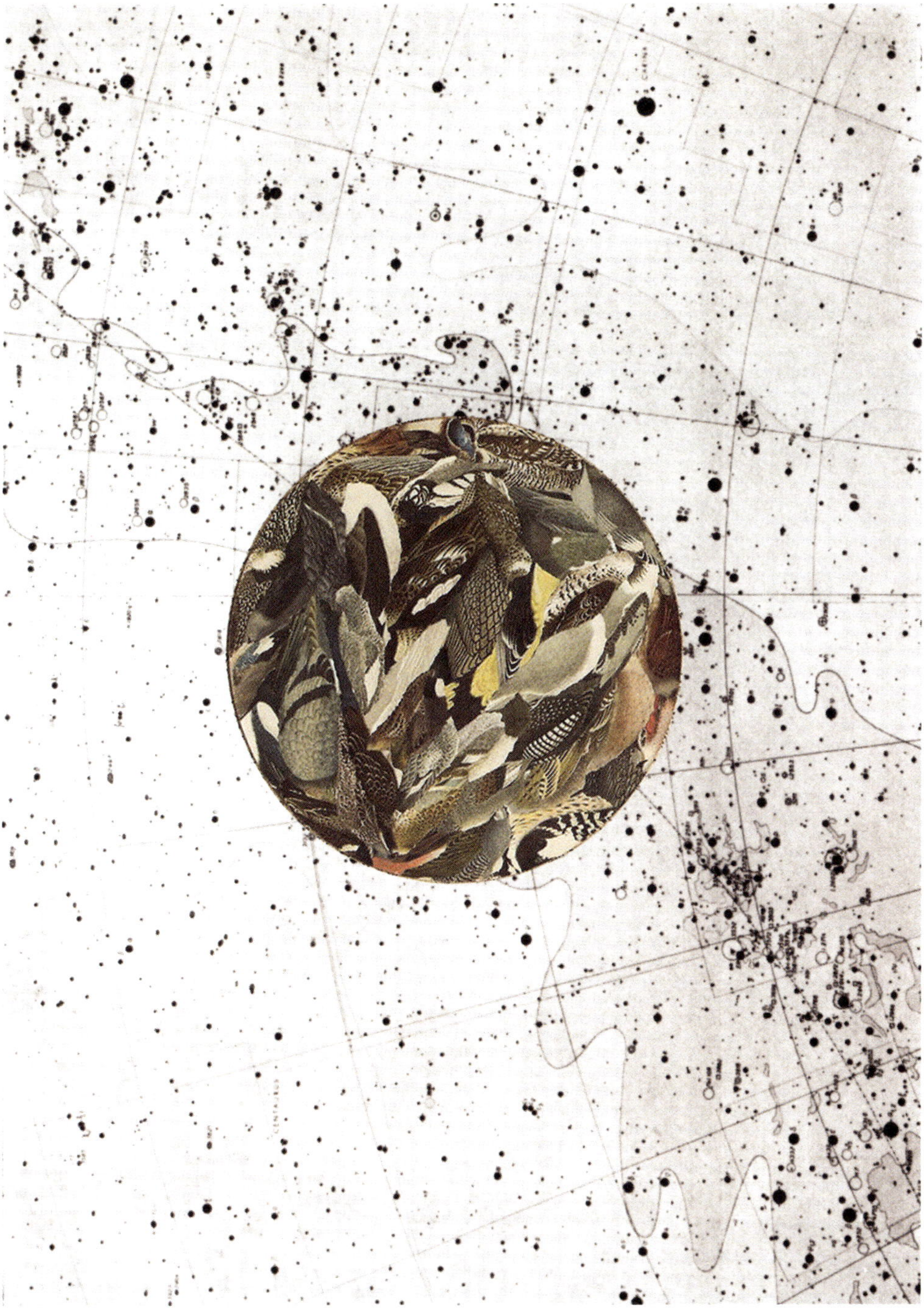

WEEK

18

STATUE

In an empty
room entirely whitewashed
lean against a wall
an unfurled banner
with half-faded slogan
from a parade
festival or demonstration

• GREEK BACKGROUND ☞

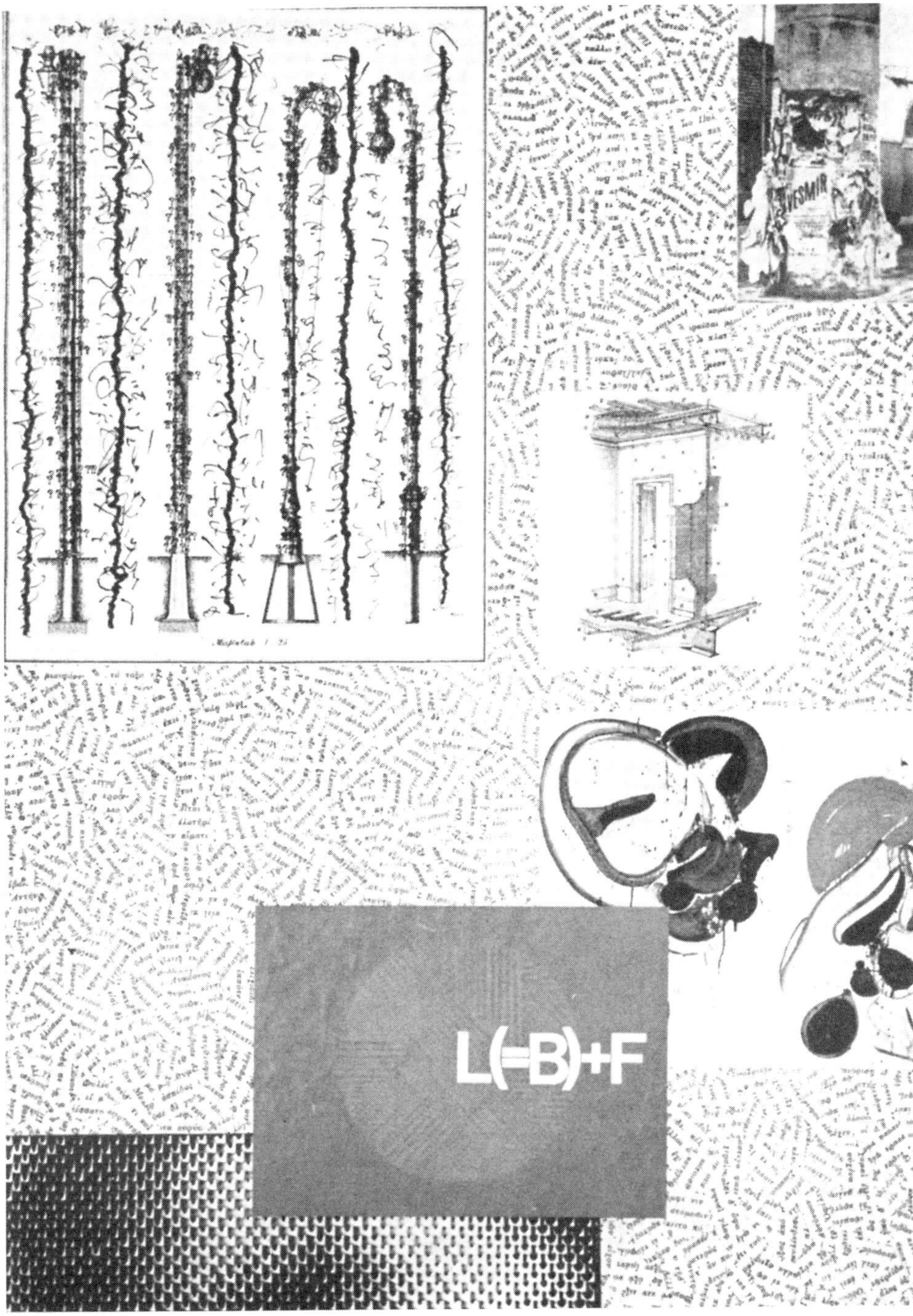
VESMIR
L(=B)+F

WEEK

19

AMNESTY

From an empty birdcage
hang
a white flag

• MASK ☞

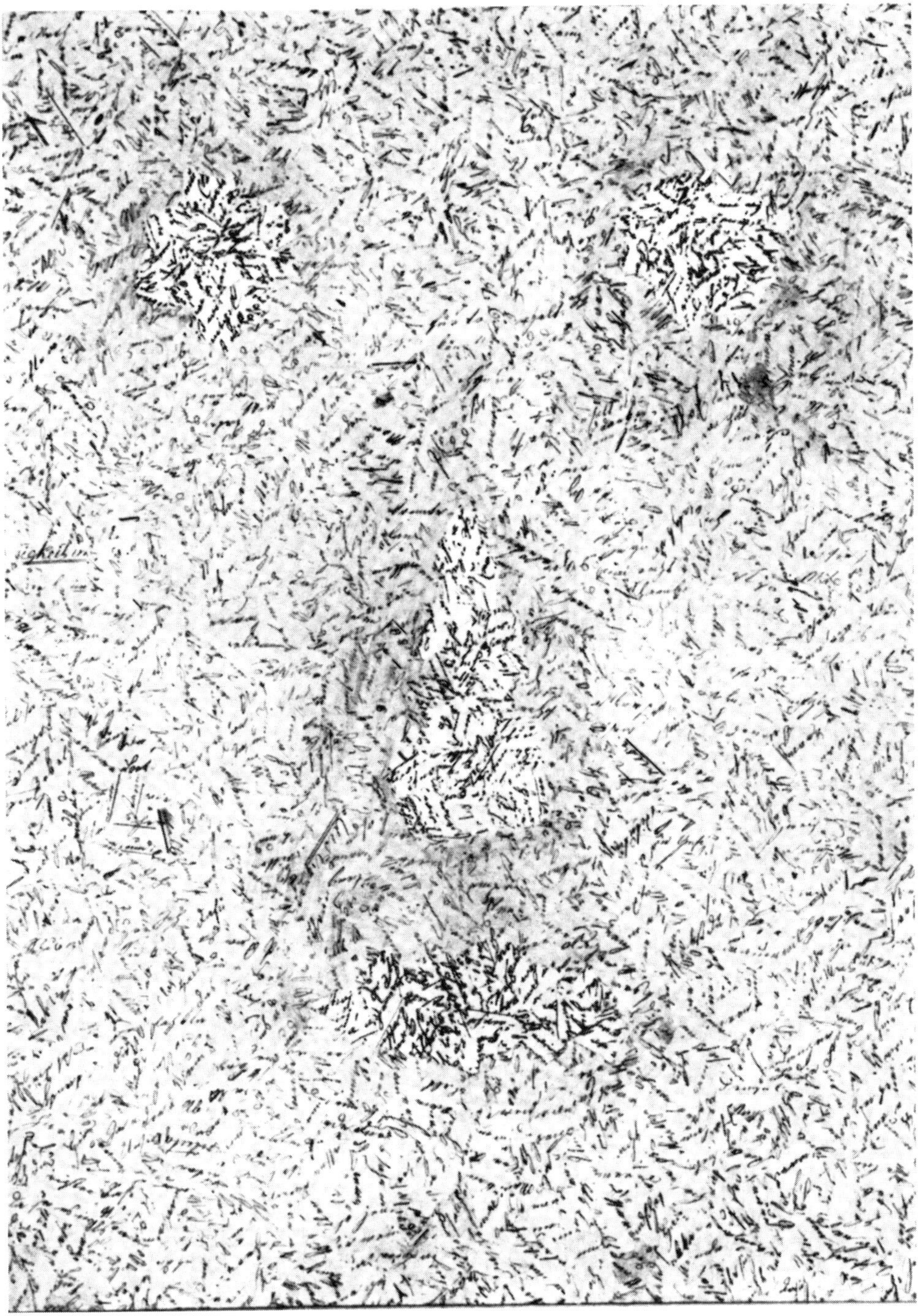

WEEK

20

AFTERMATH

Break down the door
tear out and smash the windows
tip over the furniture
tear down the pictures
scatter what you can
and muck up what you can
like the aftermath of a terrible
explosion or quake

• AT LOGGERHEADS ☞

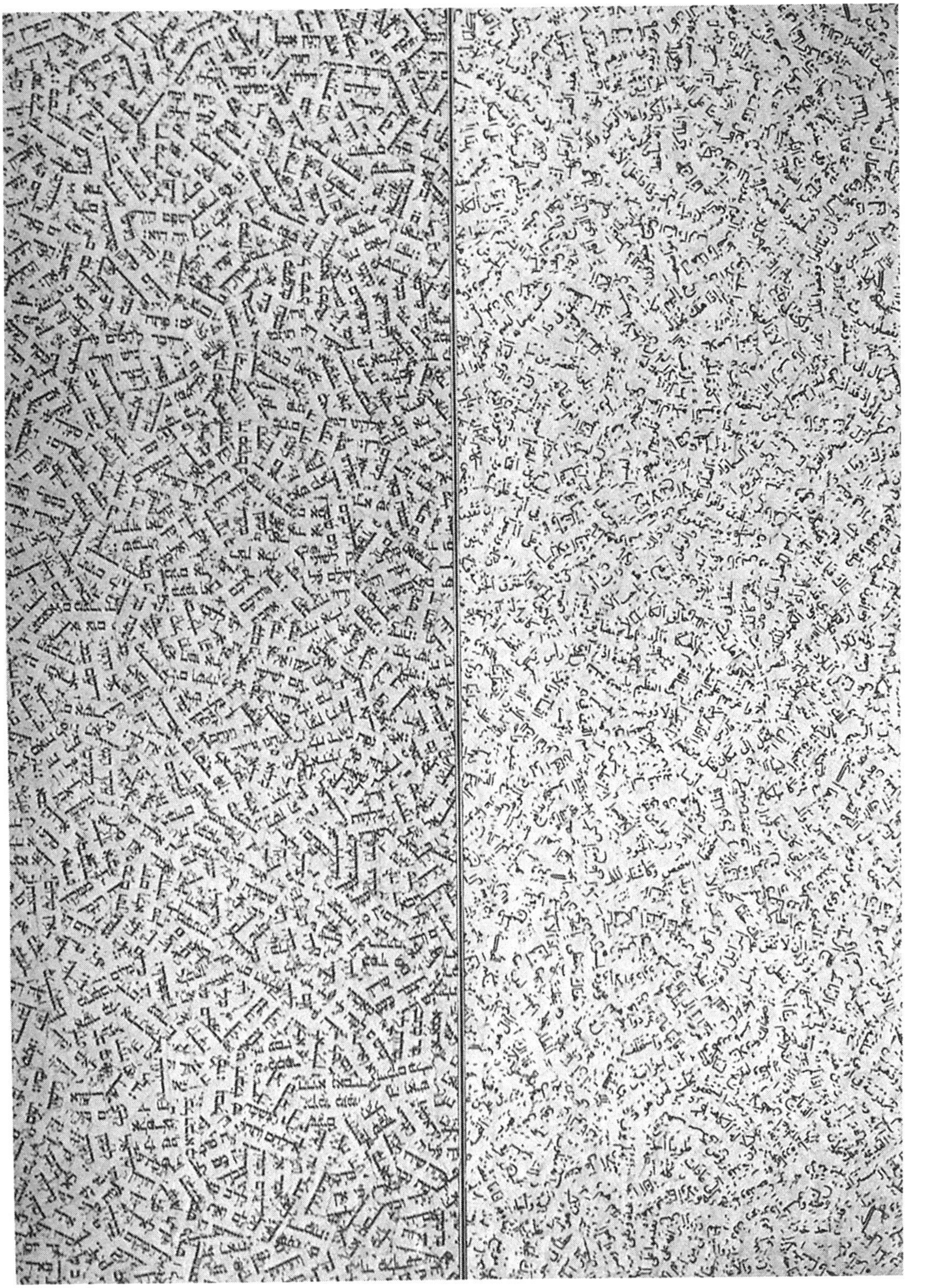

WEEK
21

Into an abandoned shed
bare cellar
or emptied garage
place a laid table
a log with embedded axe
overturned washtubs
and a coop for geese
On one wall hang a wreath
on another a gutted picture
on a third an overcoat
on a fourth newspapers in their holders

Attach a sign above the entrance
FREE ENTRY

• EGG ☞

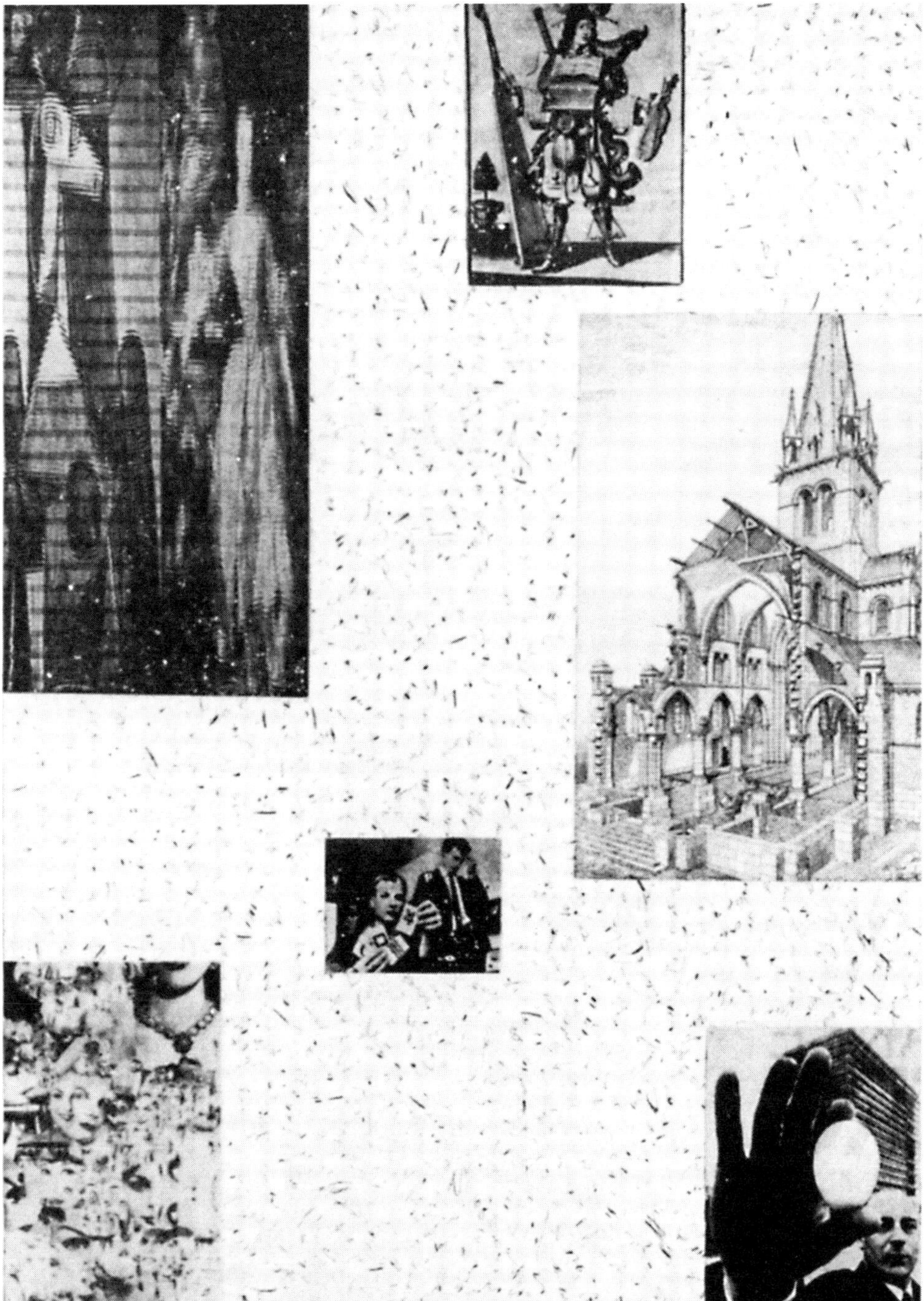

WEEK

22

RETURN

Take something
you found
or purloined
and return it
to where it was found or purloined
Go to the station
wait for a train to arrive
and walk out with the travellers
as though you've come from somewhere

• POLICE IN THEIR MIDST ☞

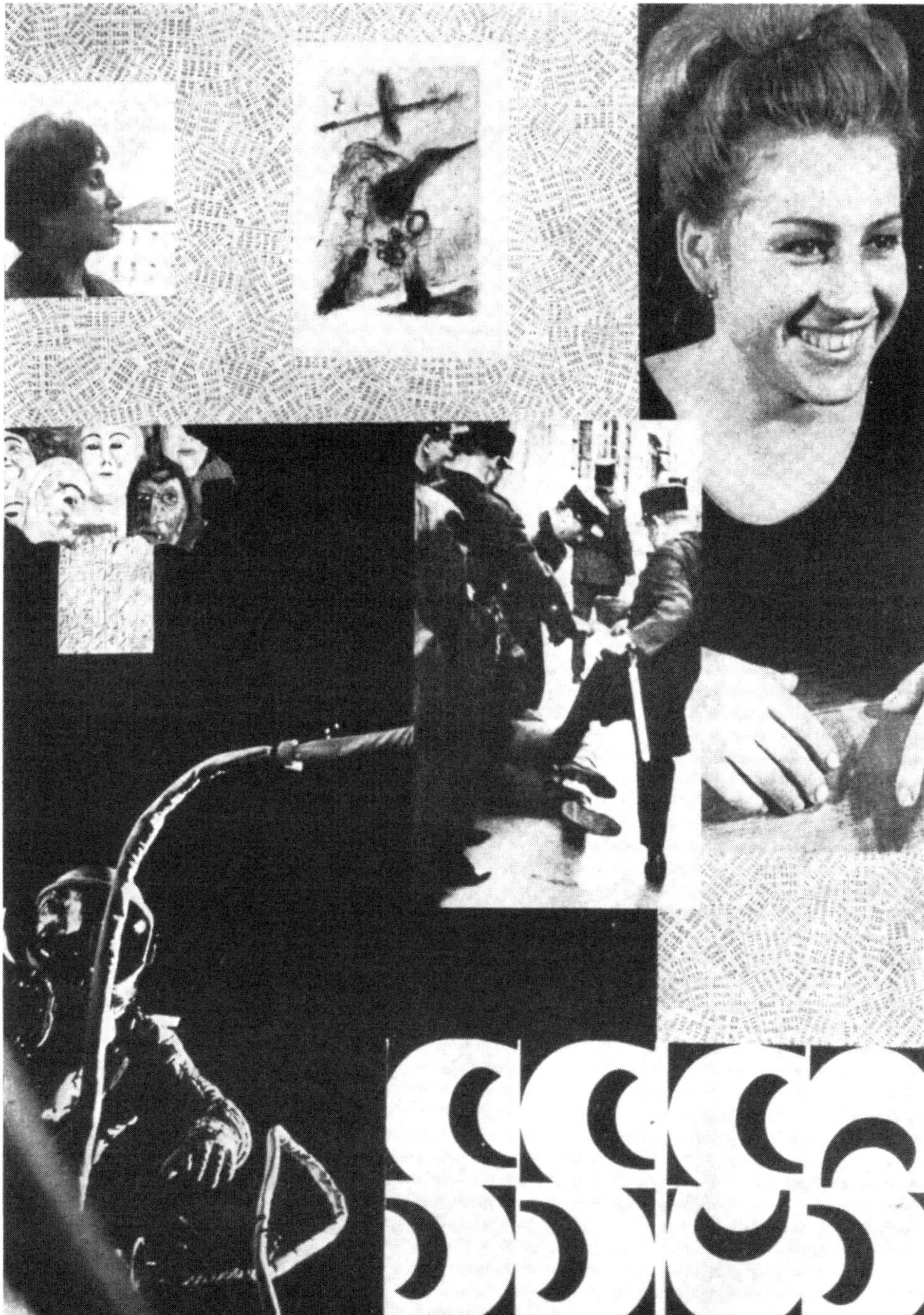

WEEK

23

KISSES

Declare your love to someone
and make love

On a reproduction of
a statue or nude
mark the places and number of kisses
you gave
and received

• TABLETS ☞

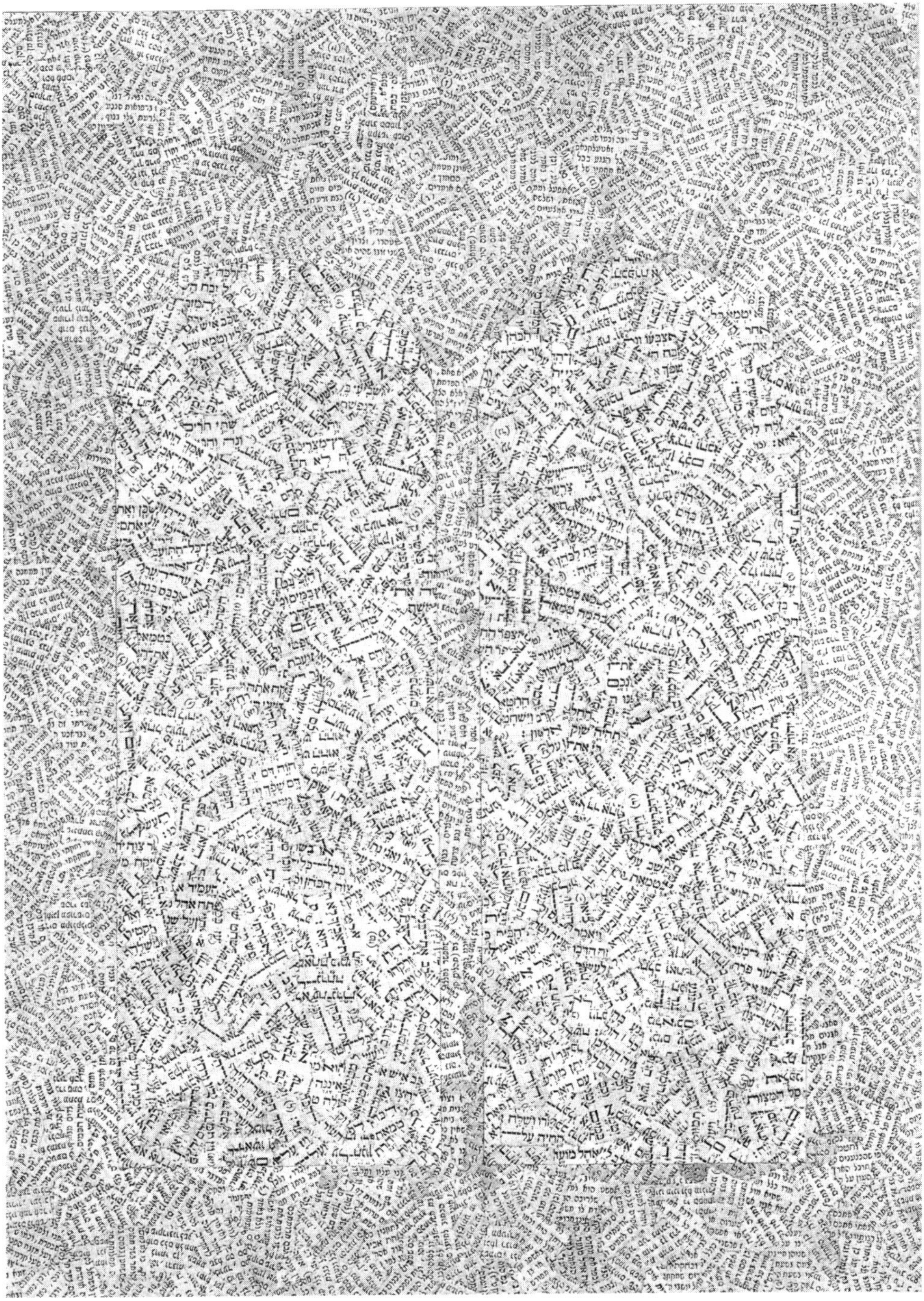

WEEK

24

WHEN

When you hear about infidelity
write a love letter
tear it up
stuff it into a bottle
and add in this order:
seven match heads
a broken razor
a ring
a tram ticket
a voided banknote
a piece of clothesline
of bandage
of barbed wire
an admission ticket
a page from a book
a shard from a hand mirror
a key with a tin-can curlicue
a stick of gum
a lock of hair
a tube of toothpaste squeezed empty
a paycheck
a pacifier
a car part
a fragment of vinyl record
a strip of audiotape
a photograph with dedication to a lover
and whatever else you want until the bottle is full
Then cork it
and bury it in a garbage dump

• MÜNCHEN 13 & 23 ☞

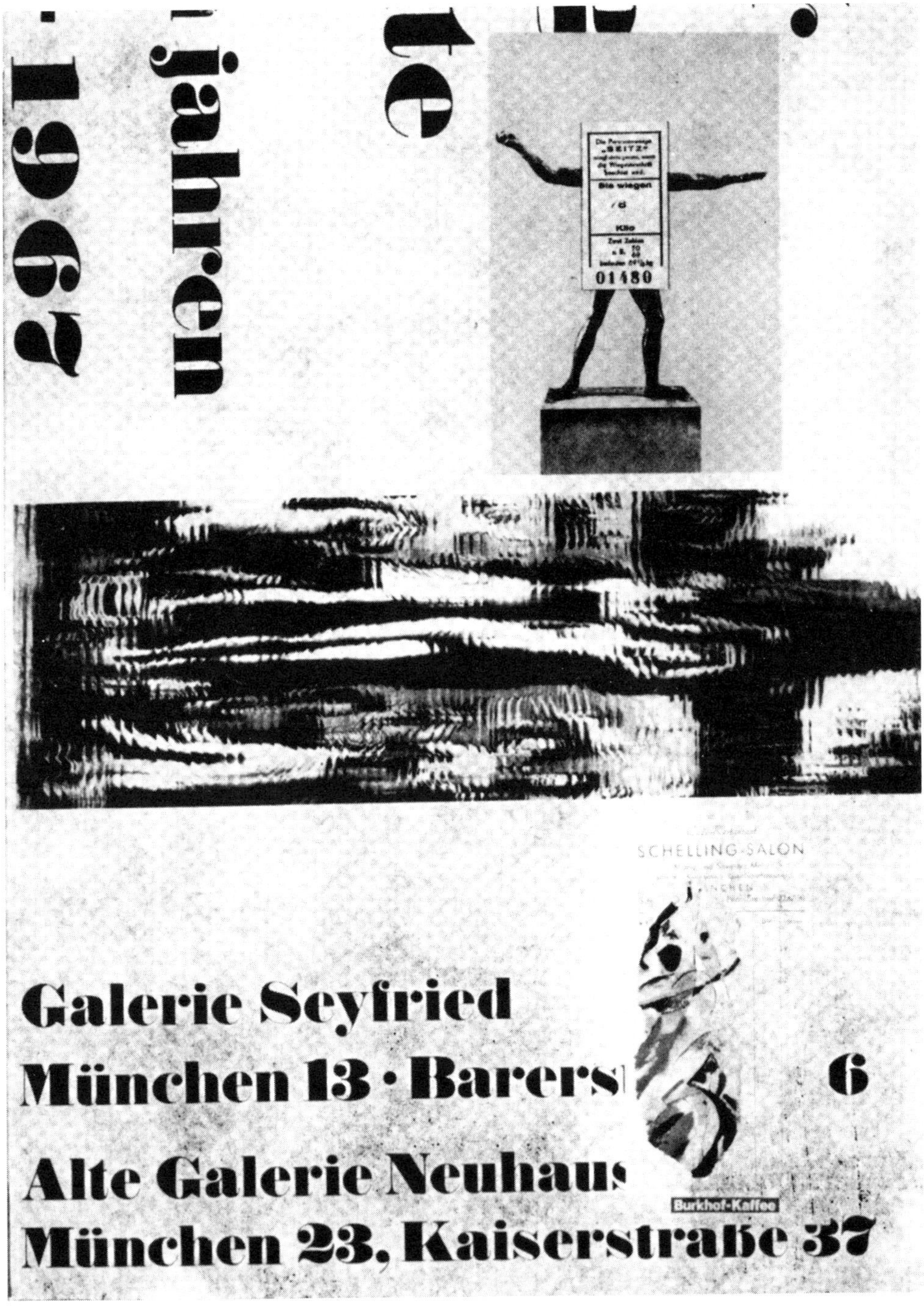
1962
jahren
te
Sie wiegen
Kilo
01480
SCHELLING-SALON
Galerie Seyfried
München 13 · Barers
6
Alte Galerie Neuhaus
Burkhof-Kaffee
München 23, Kaiserstraße 37

WEEK

25

WHEN WHEN WHEN

When you see some bad luck
write a gallows poem
tie it to a stone
and toss it
into the water near an abattoir

When you run into jilted lovers
break a hand mirror
buy a book
and toss it away at evening in a park

When you hear of a crime
break three knives
and trample them into the ground
far away in a forest or fields

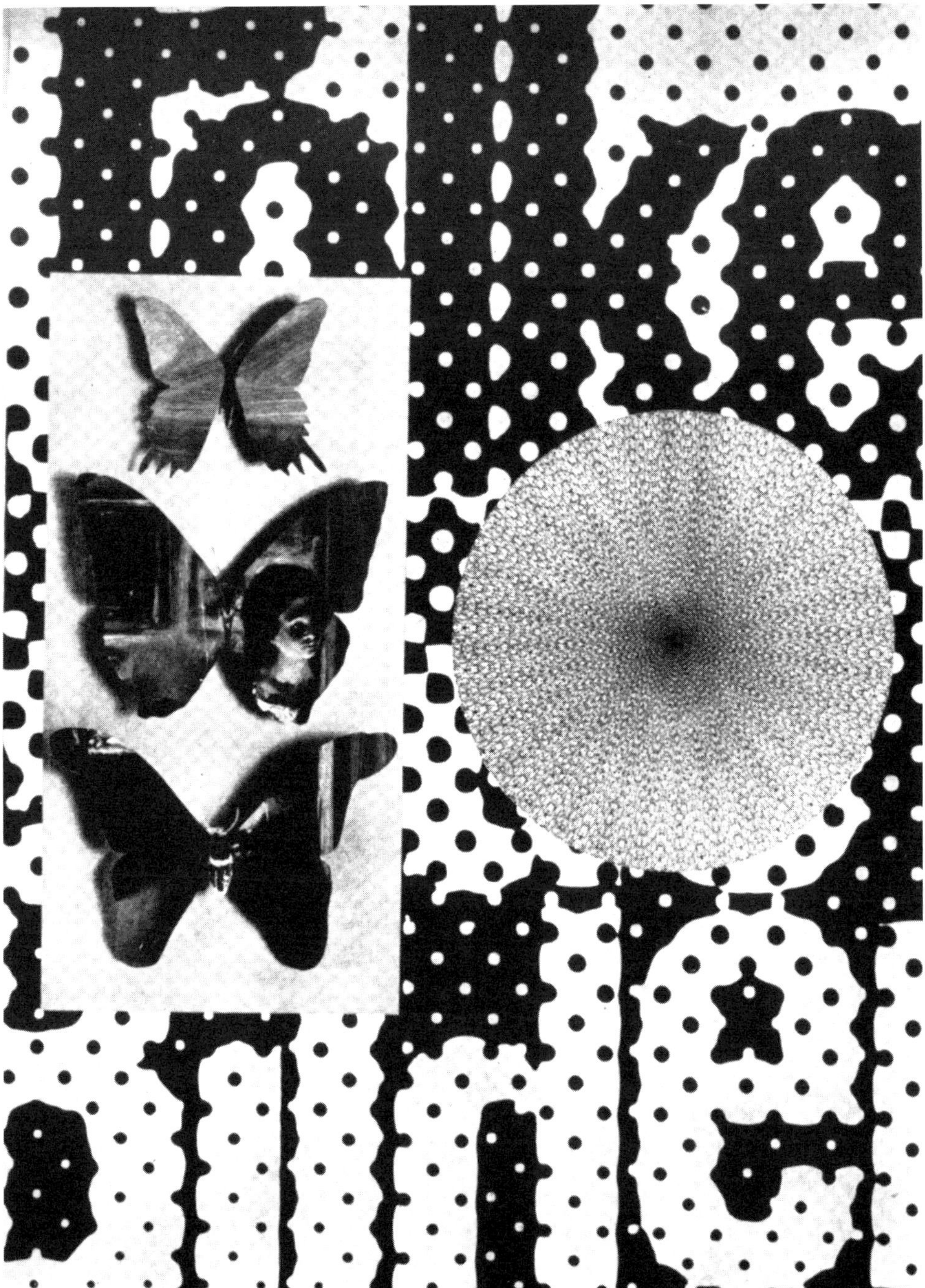

WEEK

26

WHATEVER COMES TO MIND

Cover
with a myriad of signatures
a reproduced painting
a group photo
or a banknote
as if it were an attendance list
or a witness statement

Deface
with a myriad of signatures
whatever comes to mind

• UNTITLED ☞

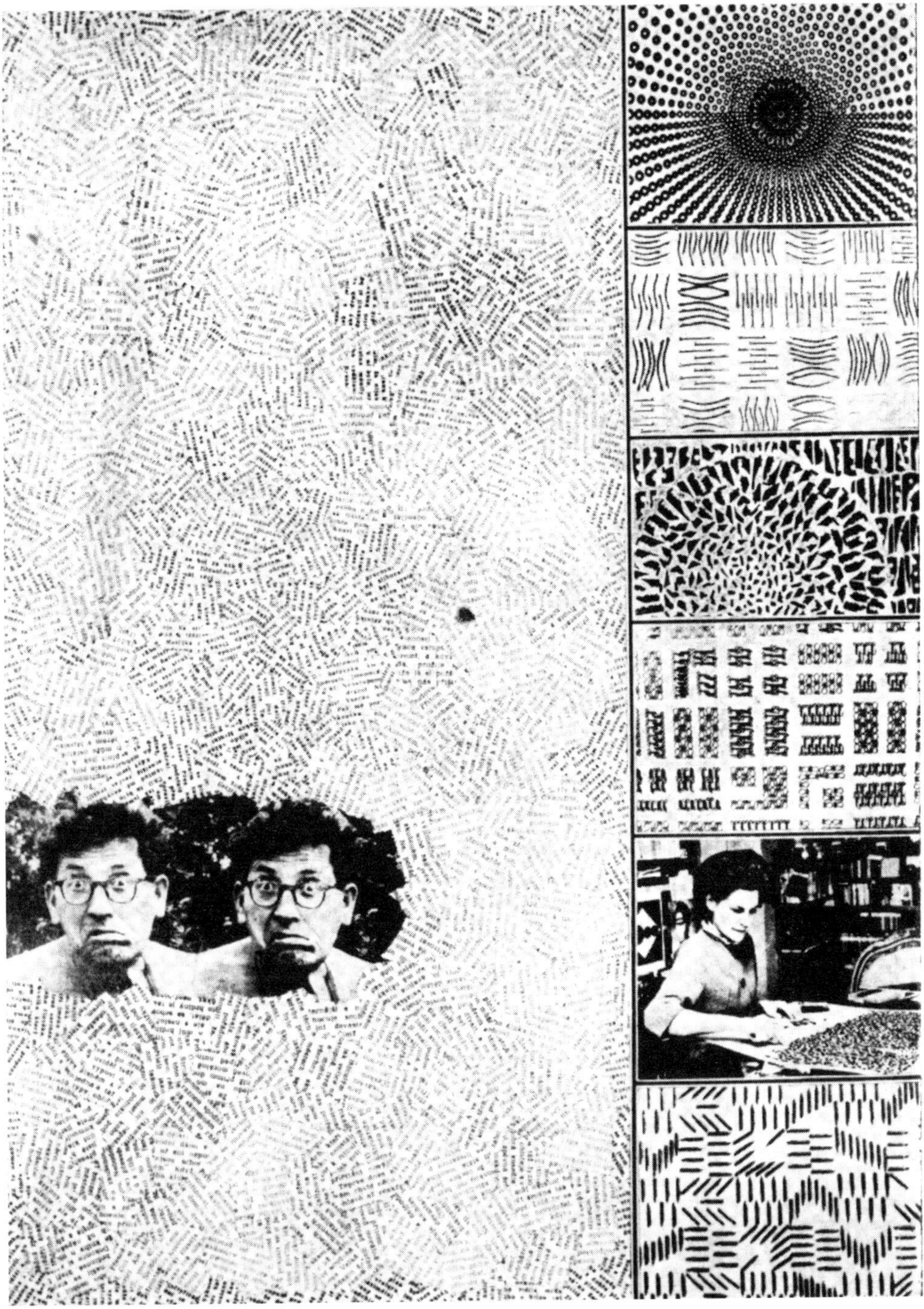

WEEK

27

WEDDING ANNOUNCEMENT

Search your memory
through history
or in literature
for a pair of lovers
who died
without tying the knot
Get wedding announcements printed
in their name
and hand them out on the street
on the day and hour
stated
on the wedding announcement

• JUST THIS BIG BIRD ☞

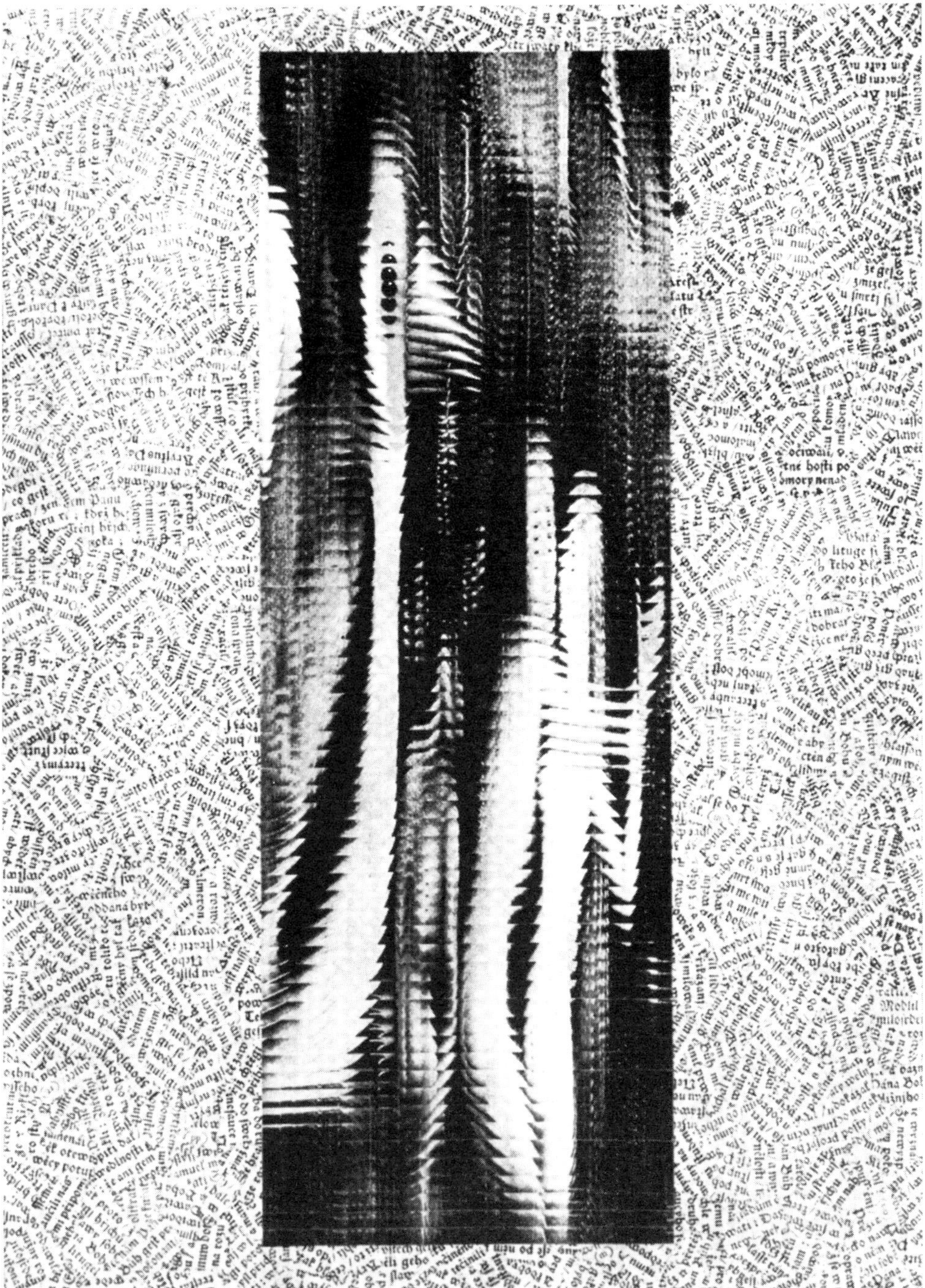

WEEK

28

MATCH

Sketch
the ball's path
during a football or other match
Add the names of the rivals
the result of the match
the date
and the front page headlines

• LIBEREC ☞

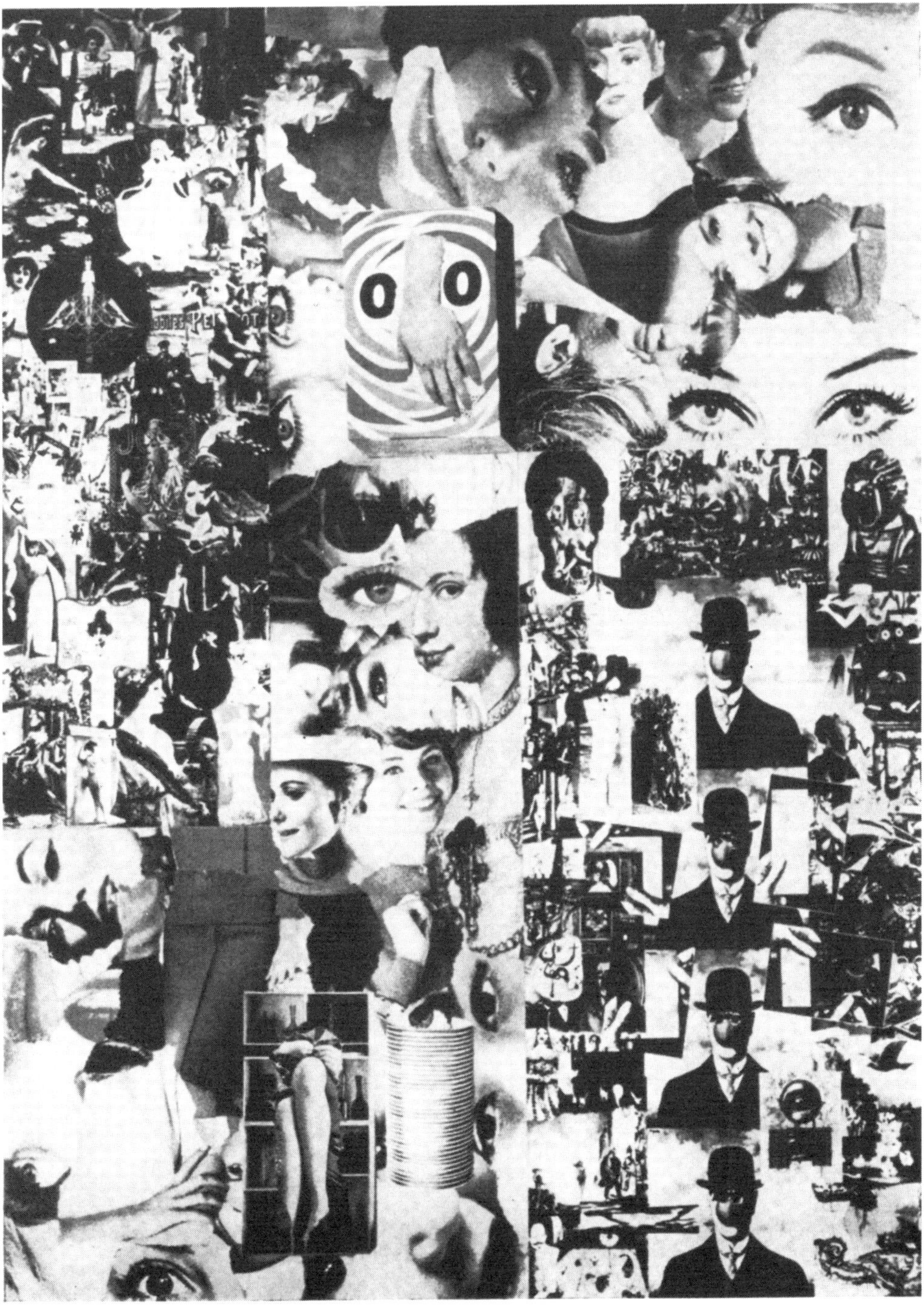

WEEK

29

GREETING

Go out to the street
with a long paper tail
on the back of your coat
carve into a tree the initials
of two animal names
shout over the fence
a hello to the grass
from the bridge a hello to the fish
from the cellar a hello to the roofs
from the dormer a hello to the paving
repeat as you like

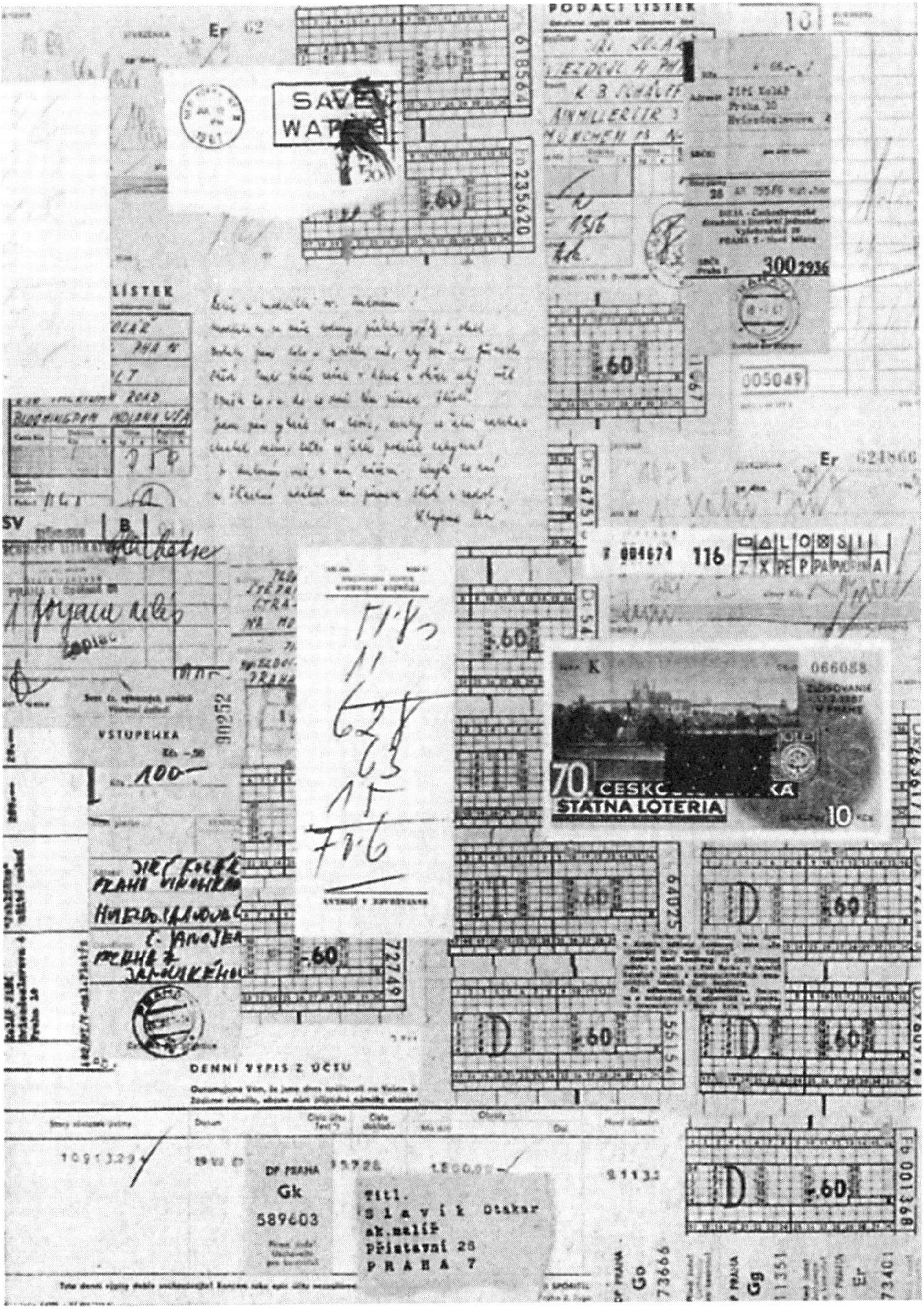

PODACÍ LÍSTEK
Er 62
LÍSTEK
Er 624866
VSTUPENKA
Kčs 100.-
DENNÍ VÝPIS Z ÚČTU
K
066088
ZLOSOVANIE
V PRAHE
70.
STÁTNA LOTERIA
10
116
DP PRAHA
Gk
589603
Titl.
Slavík Otakar
ak.malíř
Přístavní 28
PRAHA 7

WEEK

30

AT NIGHT

Place your temple against a tram track
and listen for a long time
On the other track
place a licked coin
and leave without looking back

At night
once everything falls silent
your mouth gagged
slander yourself in a letter
concealing nothing
and send it in the morning
to your lover
mother
wife
or best friend

• L. NEBESKÝ ☞

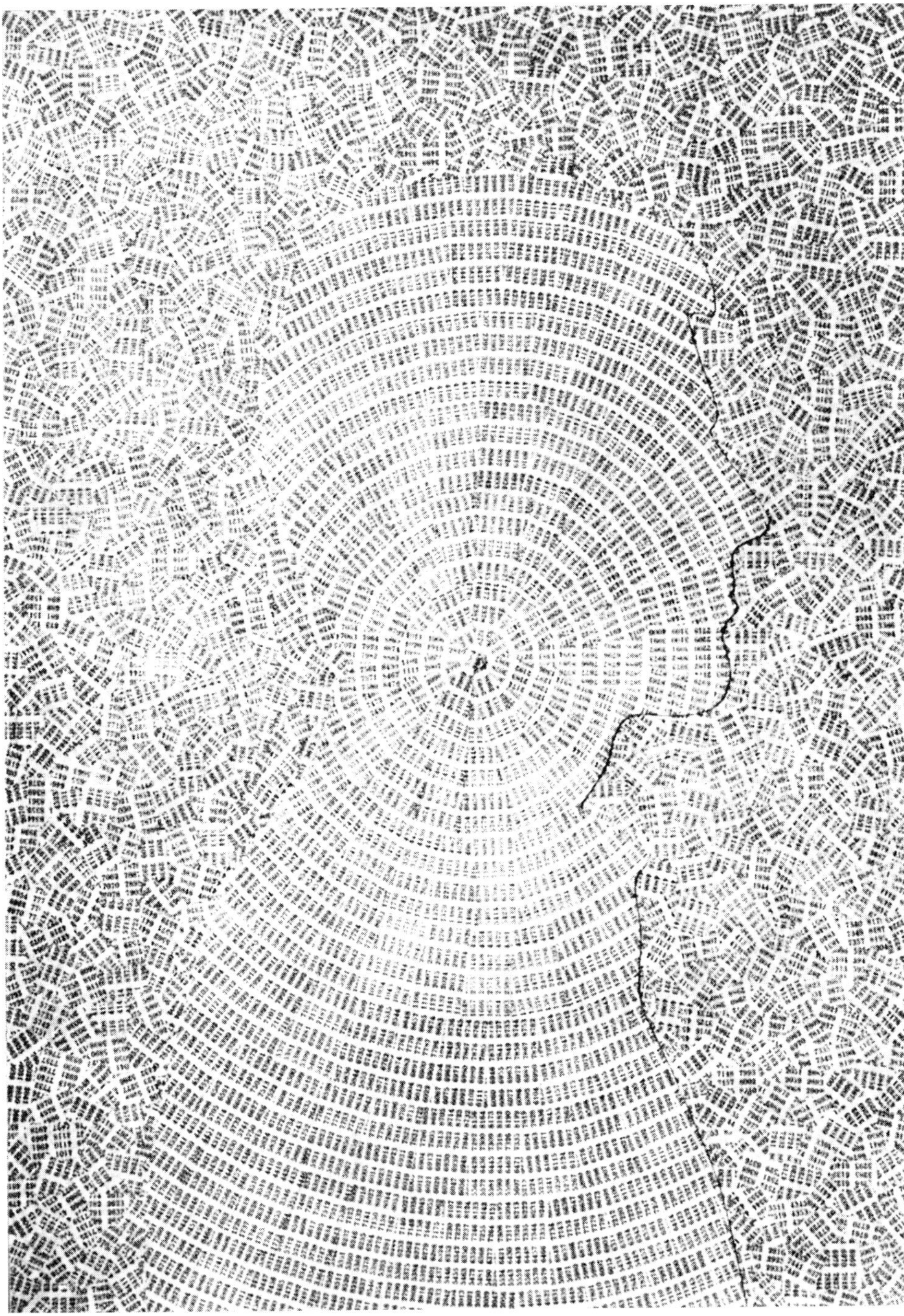

WEEK

31

SONNET

Take a novel
you don't know
slice off the spine
remove the page numbers
and thoroughly jumble the pages
In this disorder
read the book
and in fourteen lines
summarise its contents

• IN MEMORIAM LAJOS KASSÁK ☞

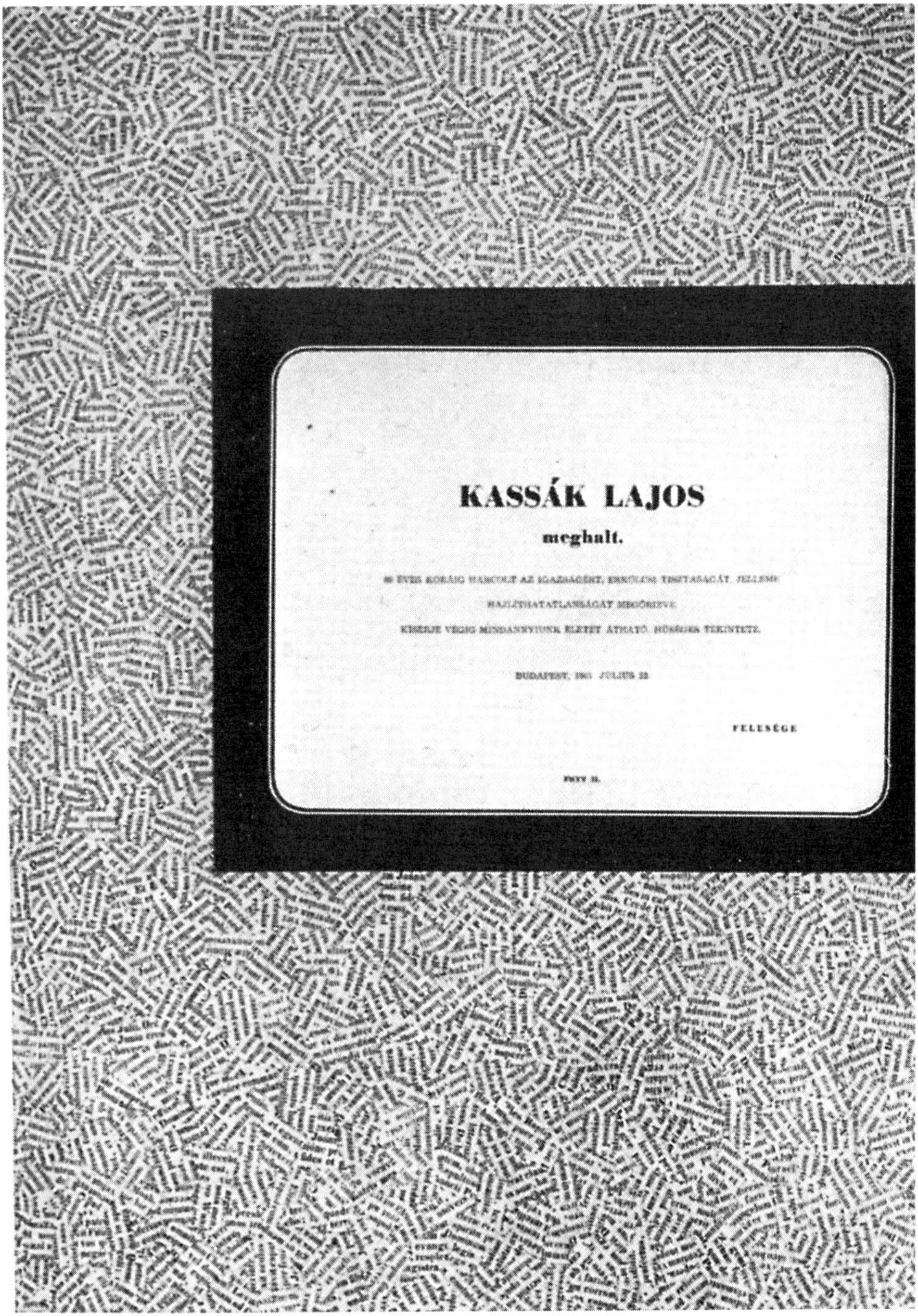
KASSÁK LAJOS
meghalt.
FELESÉGE

WEEK

32

DEATH NOTICE

In green purple
yellow red
blue or white print up
fake death notices
and distribute them to friends
On a given day
dress in black
on the way buy a bouquet
and place it
at a specified hour
on a neglected grave
The rest of the day walk through town
and get drunk

• IN MEMORIAM M. BOHATEC ☞

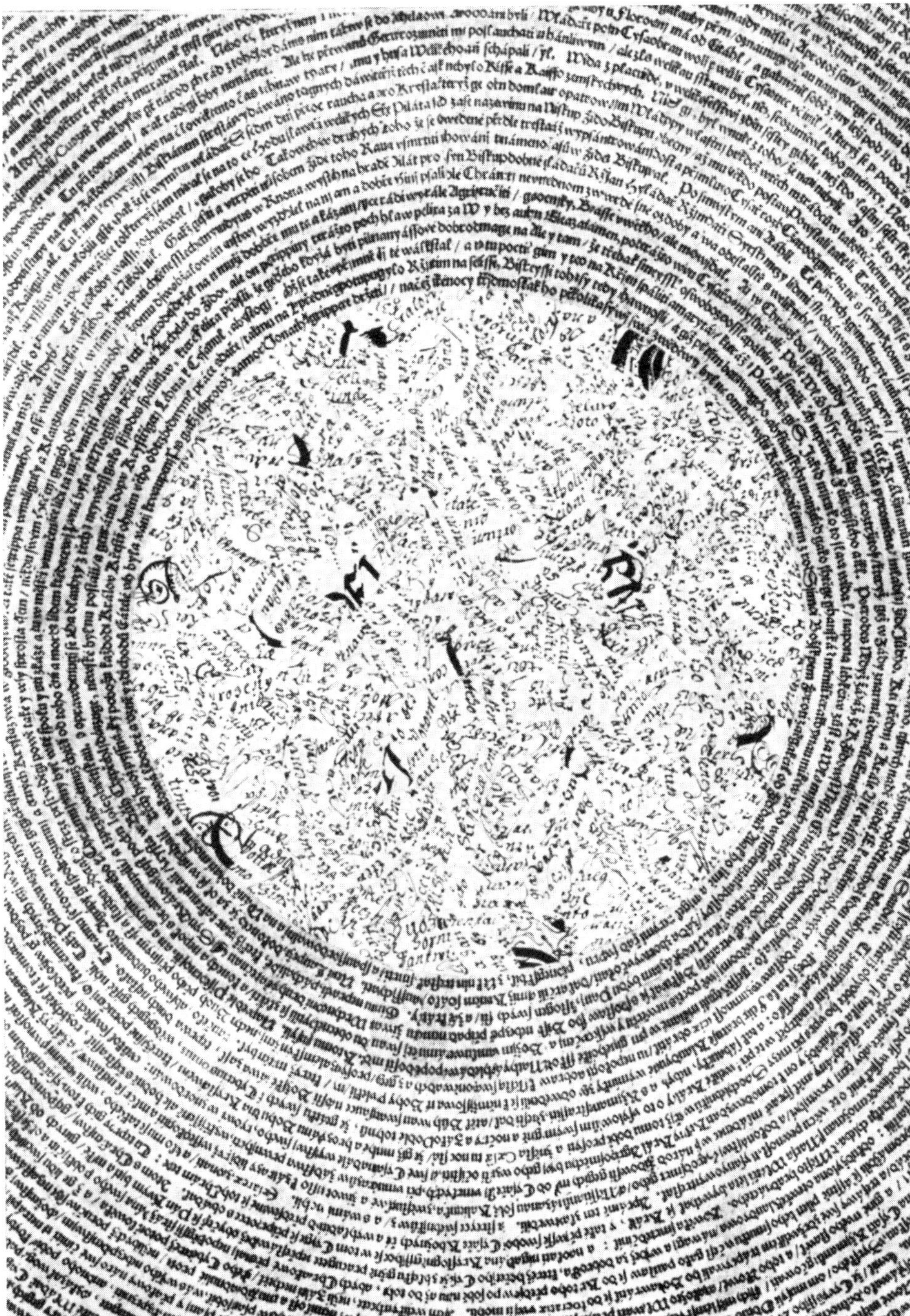

WEEK

33

HOMAGE TO T.S.E.

Cross out or underline
in any magazine
the words
of a song
instructions prayer speech
decree letter or poem

• TO MICHEL BUTOR ☞

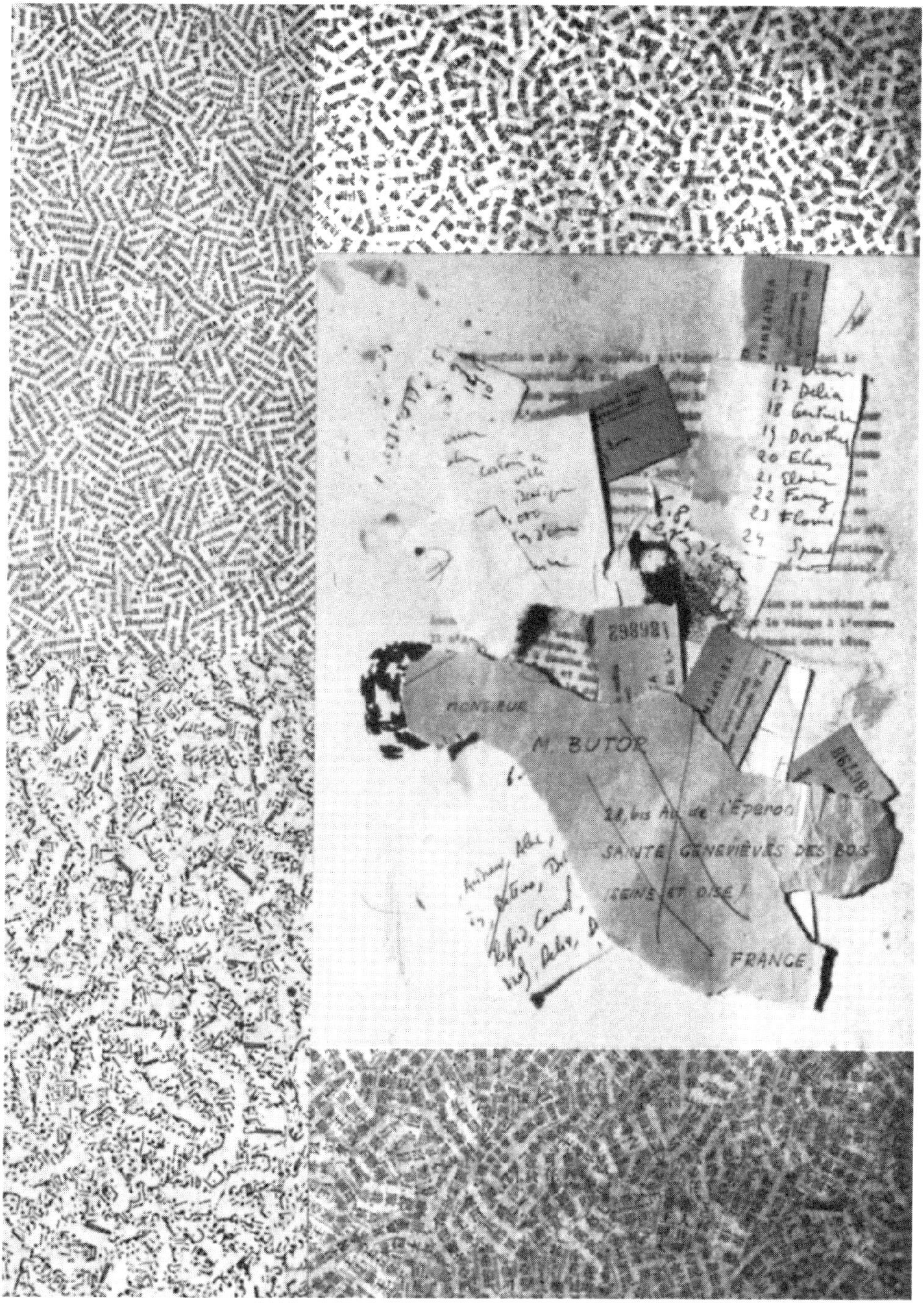
MONSIEUR
M. BUTOR
28, bis Av. de l'Eperon
SAINTE GENEVIÈVES DES BOIS
(SEINE ET OISE)
FRANCE

WEEK

34

WET PAINT

Find a scenic view
accessed by a narrow path
rope it off
with warning tape
that reads in large letters:
DON'T TOUCH!
WET PAINT

• HOMAGE TO MAGRITTE ☞

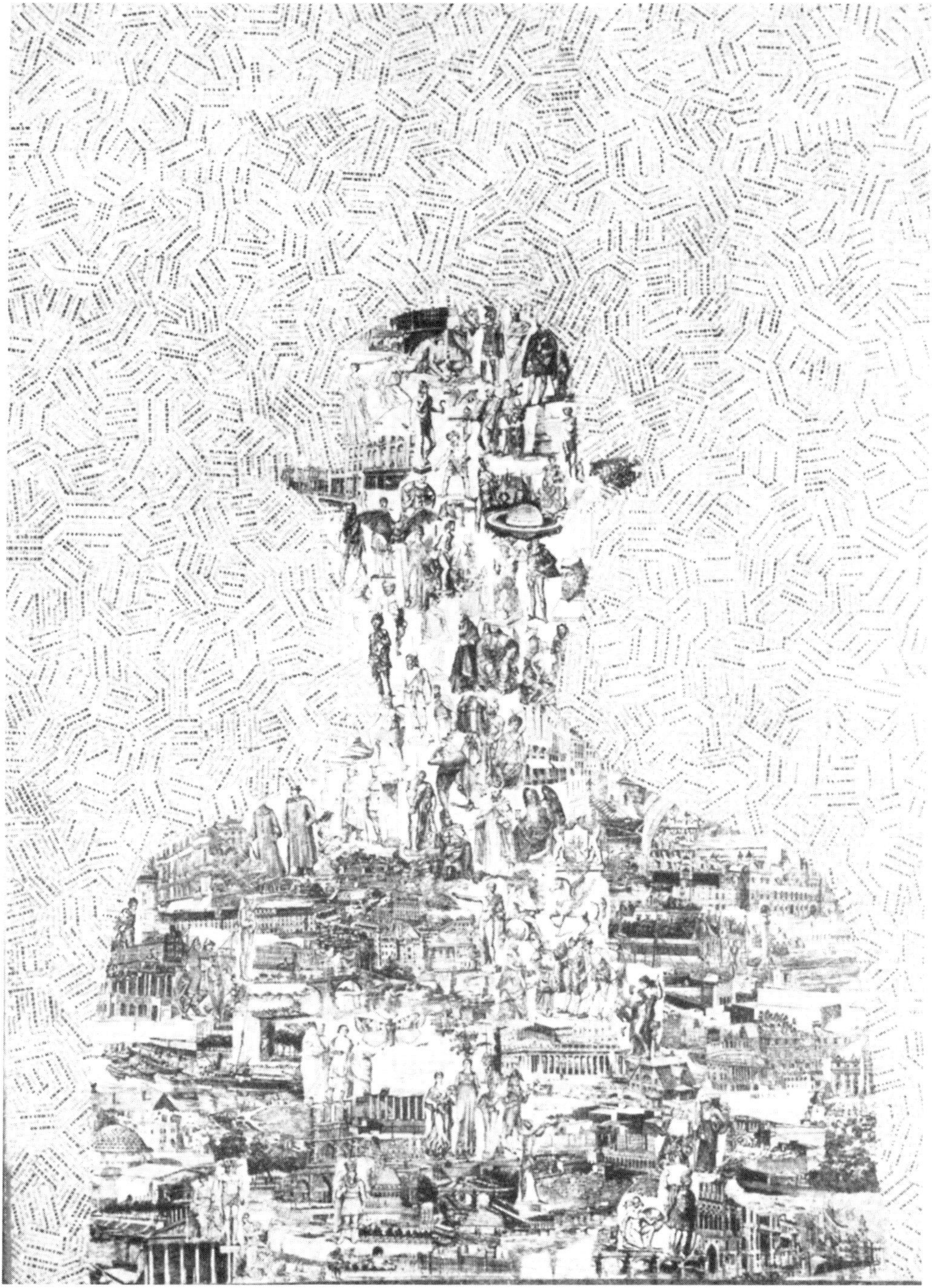

WEEK

35

SCARECROW?

Cross two sticks
put a shirt on the cross
and a coat over the shirt
Place a pot for the head
with two holes for eyes
hang lime-twigs for hands
and decorate the whole figure
with tinkling knickknacks
Lastly attach it to a stand
and place it in the best spot at home

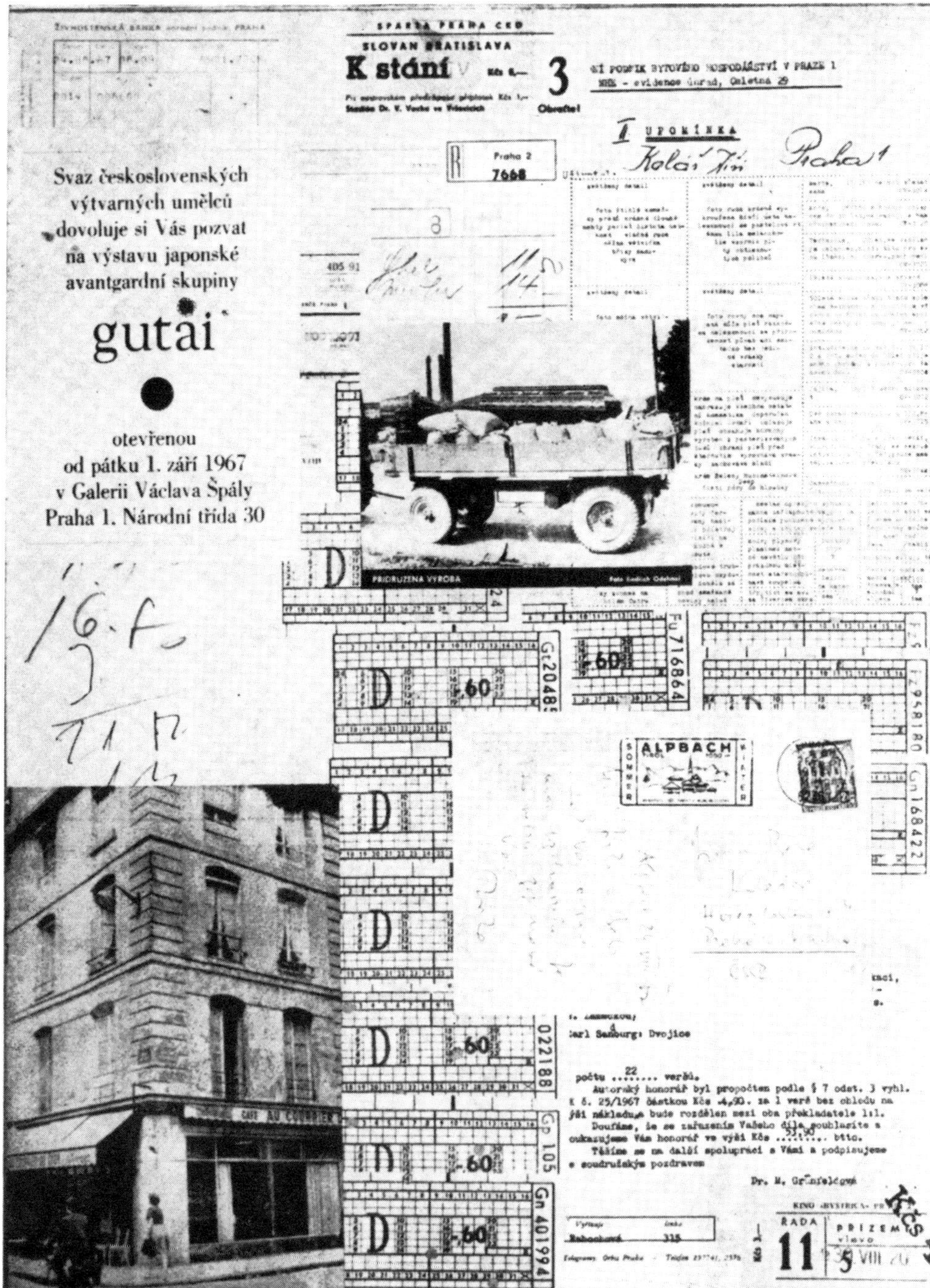
SPARTA PRAHA CKD
SLOVAN BRATISLAVA
K stání
3
Obraťte!
UPOMÍNKA
Praha 2
7668
Svaz československých
výtvarných umělců
dovoluje si Vás pozvat
na výstavu japonské
avantgardní skupiny
gutai
otevřenou
od pátku 1. září 1967
v Galerii Václava Špály
Praha 1. Národní třída 30
PRIDRUZENA VYROBA
ALPBACH
Carl Sandburg: Dvojice
počtu .... veršů.
Autorský honorář byl propočten podle § 7 odst. 3 vyhl.
Těšíme se na další spolupráci s Vámi a podpisujeme
s soudružským pozdravem
Dr. M. Grünfeldová
ŘADA
11
PŘÍZEMÍ
vlevo

WEEK

36

CUSTOMS POEM

Put everything from
pyjamas to toothbrush in a suitcase
as though getting ready for a long trip
Then arrange
everything in a row
as though expecting
a thorough search by customs

• SUPPLICATION ☞

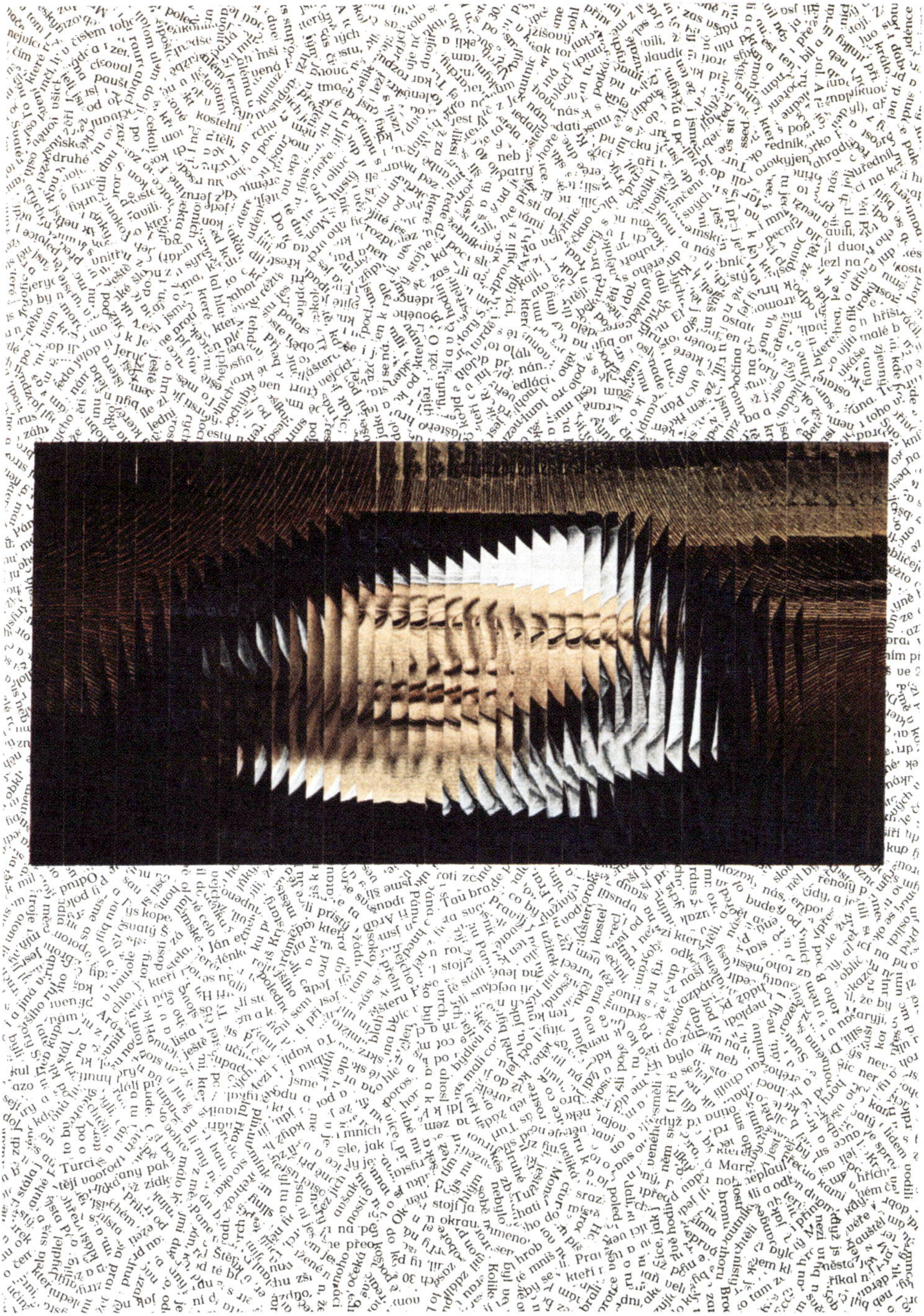

WEEK

37

BRINGING INTO BEING

Devise a procedure
for bringing into being — shoes
from their fictive state
in pieces of leather
and parts of essential materials
to the finished product
preserving the gimping
of the worked pieces

• STUDENT ☞

umění návratu

Legendární Théseus patrně kdysi vděčil za svůj úspěch nejenom Ariadnině lásce, ale i její intelektuální úrovni. Co by mu byl platný jeho meč, jímž sabil Minotaura, nebýt drahého daru — Ariadnina klubka nití, které jej vyvedlo z Labyrintu. Ariadna znala umění návratu, Umění, které je nezbytné i pro umění.

Jiří Kolář je snad rovněž. Bez něho by nebyl básníkem ...

L. GAWLIK

1944

1.

V noci na 8. března
po večerním apelu rozkázal velitel
aby nastoupili všichni kápové a staré
Vybral čtyřicet nejzuřivějších
a ozbrojil je bejkovci a kyji
Za dvě hodiny odpochodovali do tábora
kde čekali vězňové na transport
Ve všech lágrech byly rozestavěny stráže
s příkazem zastřelit každého
kdo by opustil blok
Kolem jedenácté mihové noci začali nakládat vězně

...

Za čtyři tisíc určených k zplynování
ušetřili devět lékařů
jednoho lékárníka a dvanáct ošetřovatelů

2.

... generálkou krematorií se začalo v dubnu ...

...

Tam jim brali krev a nutili je psát:
Buďte bez obav, daří se nám dobře, na shledanou!
V srpnu dosáhly plynové komory špičkového výkonu
Za dvacet čtyři hodin
bylo zahubeno
dvacet tisíc maďarských židů

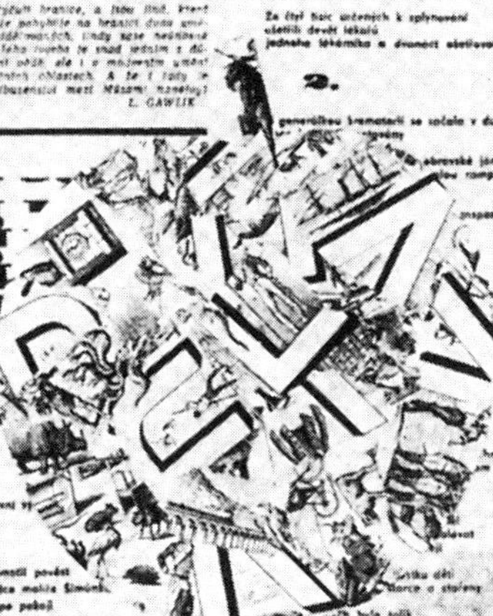

Bydlil j... s Václav...

(LONGEN)

...

Potom prohlásil
že panu Topičovi podá podrobný referát
a odporoučel se

Za tři dny jsme dostali zamítavou odpověď
a první výstava Ovny
se stěhovala do Kralodvorské ulice

(z rukopisu)

A·Á·B·C·Č·D·Ď·E·
Ě·F·G·H·I·Í·J·K·L·
Ľ·M·N·O·P·Q·R·S·
T·U·Ů·V·X·Y·Z·Ž·
1·2·3·4·5·6·7·8·9·0·
a·á·b·c·d·e·ě·f·g·h·i·
í·j·k·l·m·n·o·p·q·r·ř·
s·t·u·ů·v·w·x·y·z·&·

ABECEDA / 1963

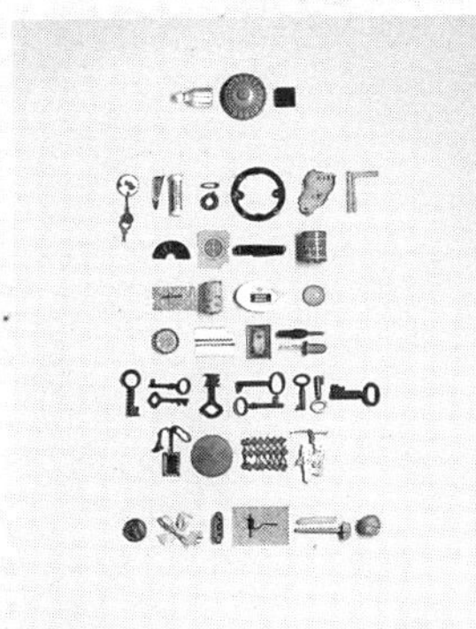

ARIADNINO KLUBKO / 1962
TŘI KOLÁŽE JIŘÍHO KOLÁŘE

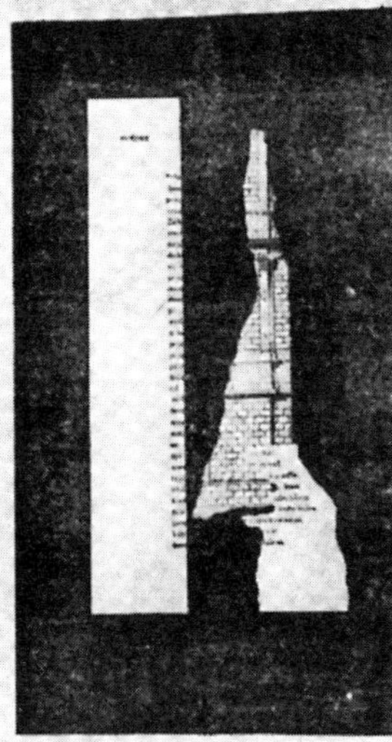

SVĚDEK 1963

O Libuši a Přemyslovi

Jednou dyž už Libuši letle ...

...

WEEK

38

WHATEVER YOU WISH

Mark on a map
or describe a place
where you would stand
or place
a one-hundred-metre long banana
likewise a giant bed
a needle
a pack of cigarettes
a camera
a key
an iron
a tape measure
a watering can
a light bulb
etc.
whatever you wish

• DELIRIUM ☞

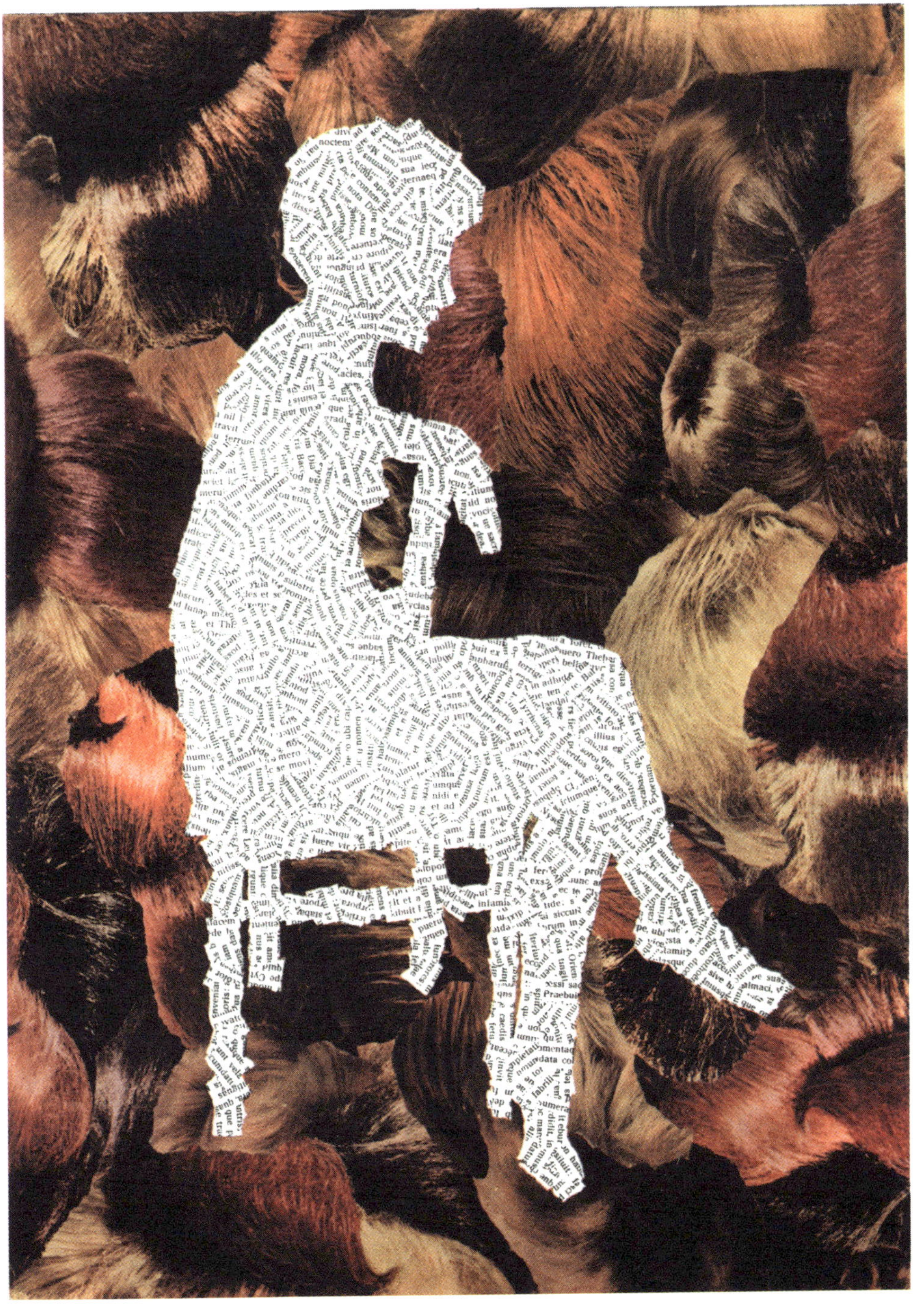

WEEK

39

HAND

Trace your left hand
on stiff printed paper
Then cut it out
multiplied as you please
on points on the palm
prick out a poem for the blind
to imprint the other side
sign it
and slip it under the door of a house
you've never entered
with graffitied façade

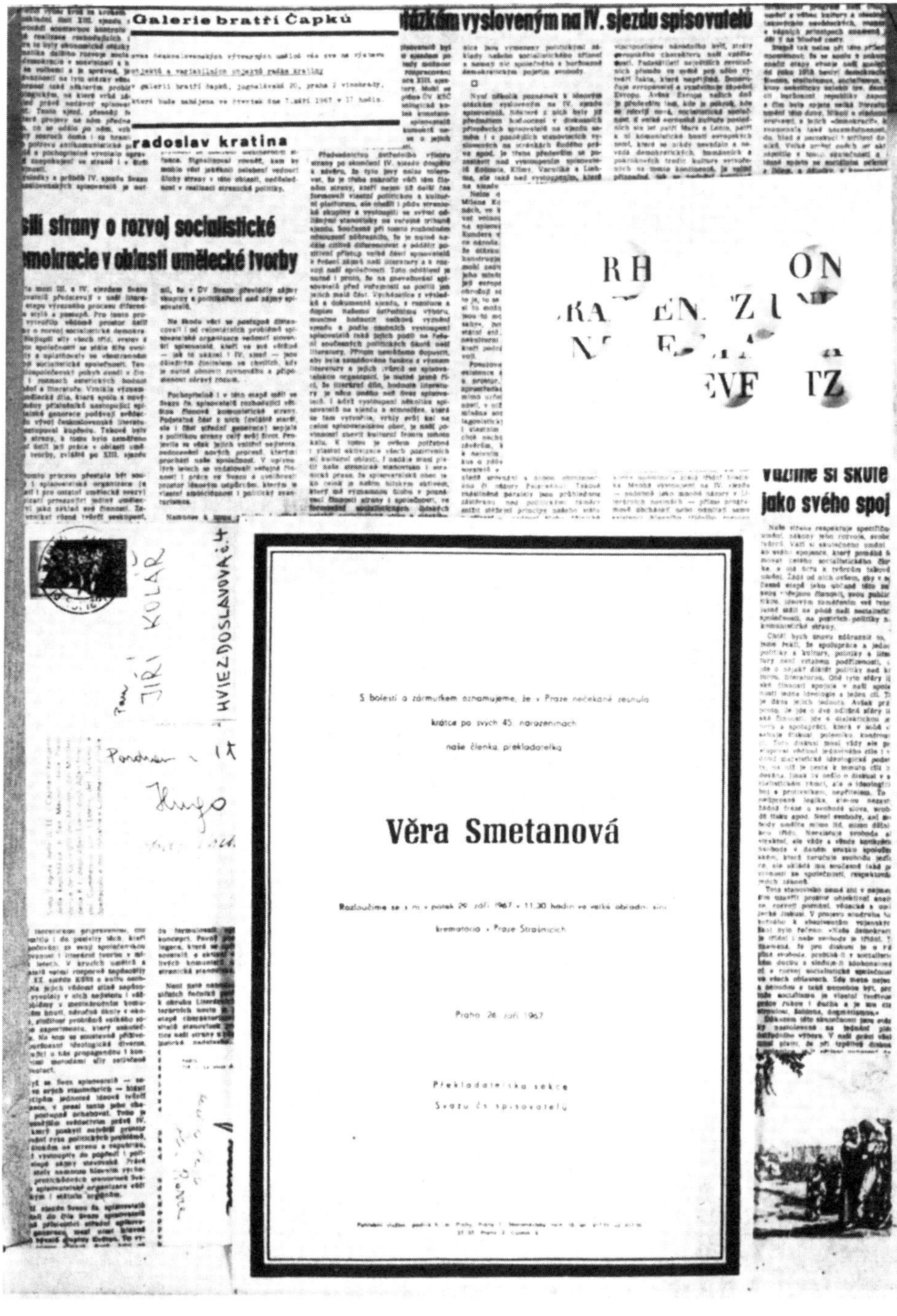

Galerie bratří Čapků
radoslav kratina
ázkám vysloveným na IV. sjezdu spisovatelů
sili strany o rozvoj socialistické
mokracie v oblasti umělecké tvorby
jako svého spoj
JIŘÍ KOLÁŘ
HVIEZDOSLAVOVA č. 4
S bolestí a zármutkem oznamujeme, že v Praze nečekaně zesnula
krátce po svých 45. narozeninách
naše členka, překladatelka
Věra Smetanová
krematoria v Praze Strašnicích
Praha 26. září 1967
Překladatelská sekce
Svazu čs spisovatelů

WEEK

40

MUSIC SCORE

Take a seat
the mugshot will first be from the front
then from the right and then the left
Now fingerprints
weight
height
chest waist neck measurement
length of arm leg penis
Write everything down on music paper
as if a score
and continue:
Name
address
marital status
date of birth
etc. every ordinary detail
for the interrogation
Lastly wrap your eyes in a towel
and go drink from the faucet

• THE JUDGEMENT OF PARIS ☞

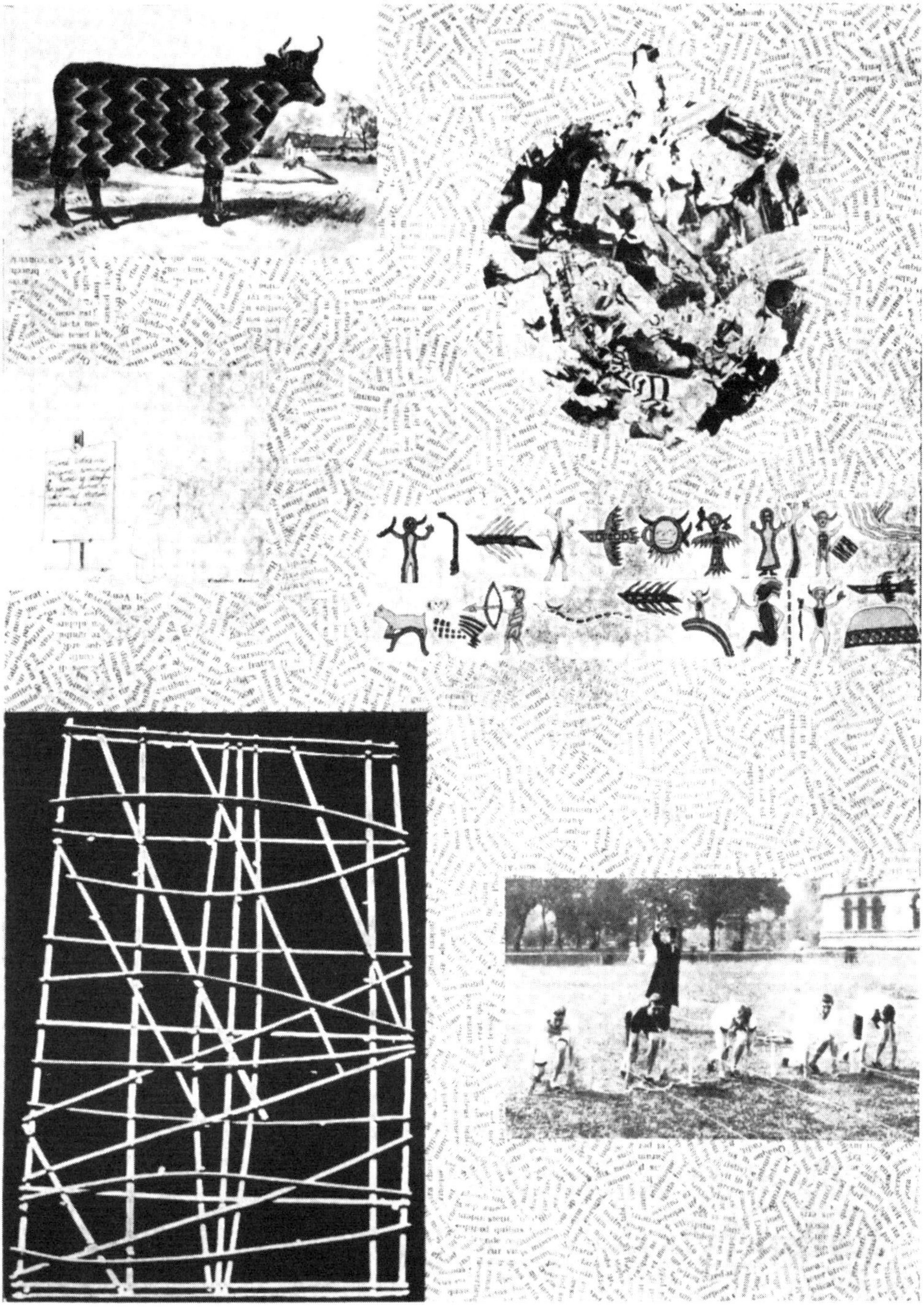

WEEK

41

SPRING

Find a place
where children play marbles
place in each hole
a whistle
or a penknife
coins
a metal figurine
or a different toy
and carefully cover up the holes
When leaving walk part of the way backward
part with eyes closed
part with one foot on the pavement
and the other on the road
part heel-to-toe . . .

• B.G. ☞

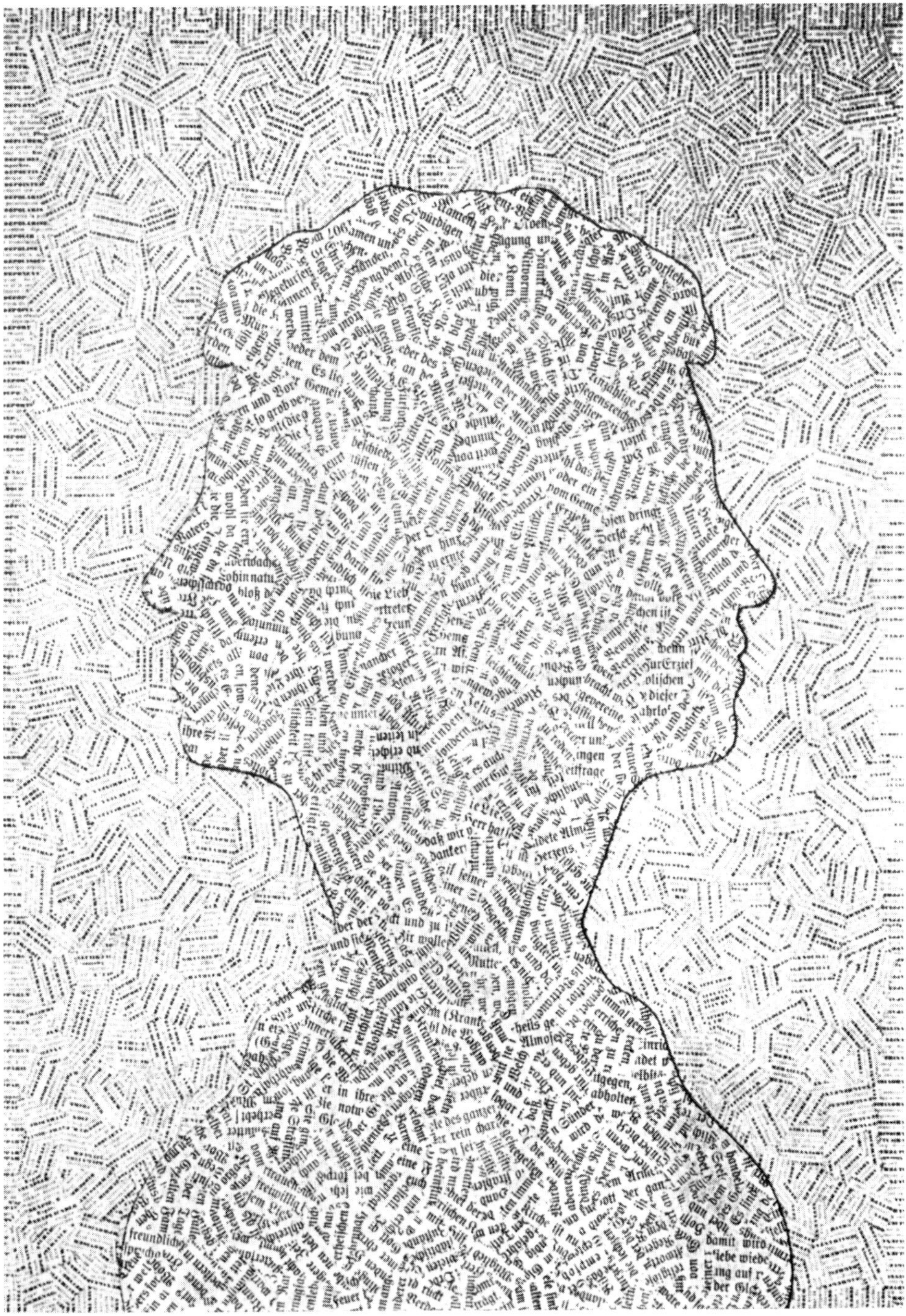

WEEK

42

BUY AND RELEASE

Buy a white mouse
or a lizard
goldfinch
guinea pig
grass snake or squirrel
and release it in a place
where someone died
When leaving walk past a tree
streetlamp
anthill
car
house
discarded tram ticket
whatever
as many things or beings
as loves in your life

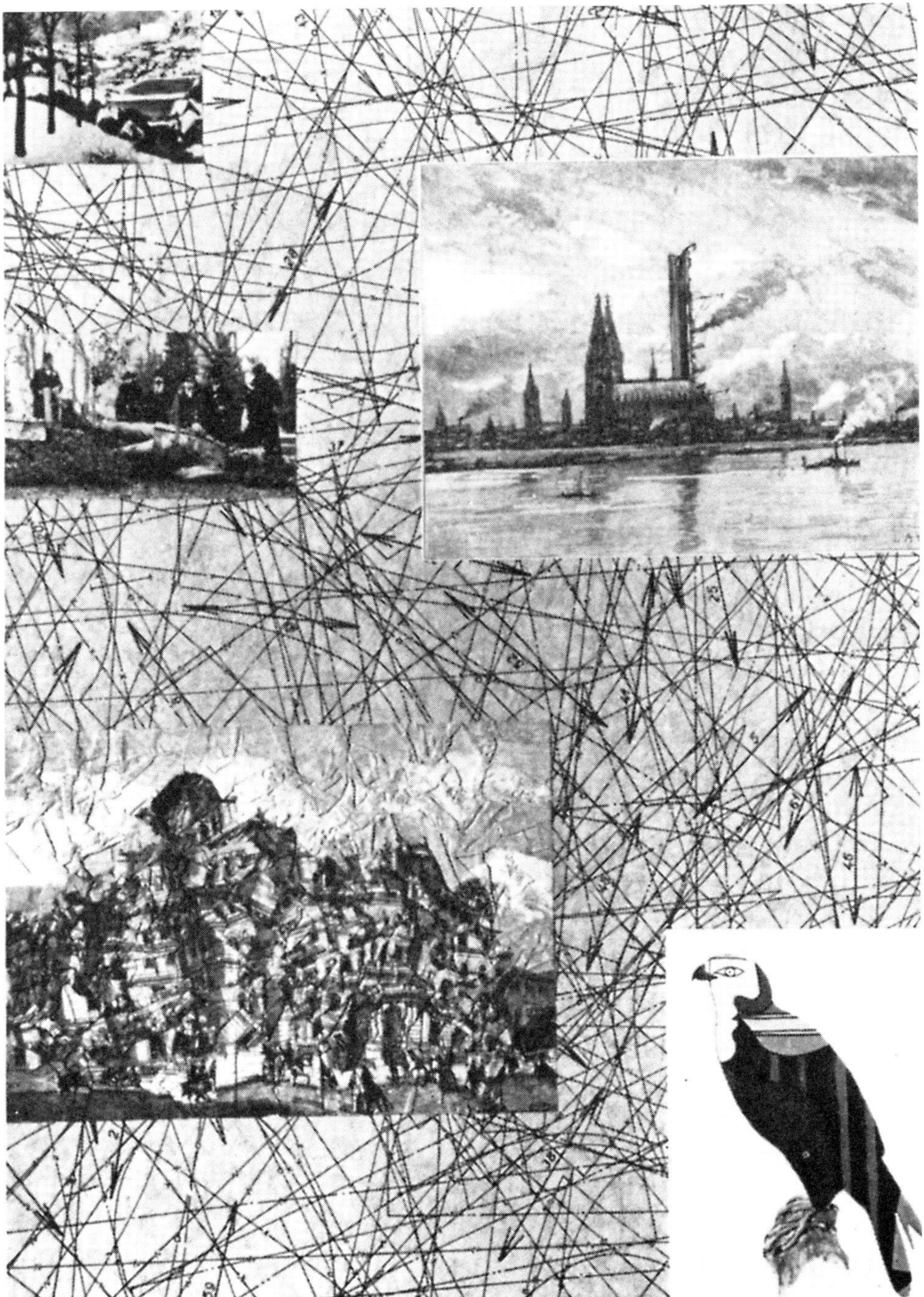

TOUCH

WEEK

43

Remember your first amorous touch
and imitate
each act of love
that comes over you

Write a jealous letter
and burn it
Tear your photographs to shreds
and throw a gift into the gutter

• EACH ELSEWHERE ☞

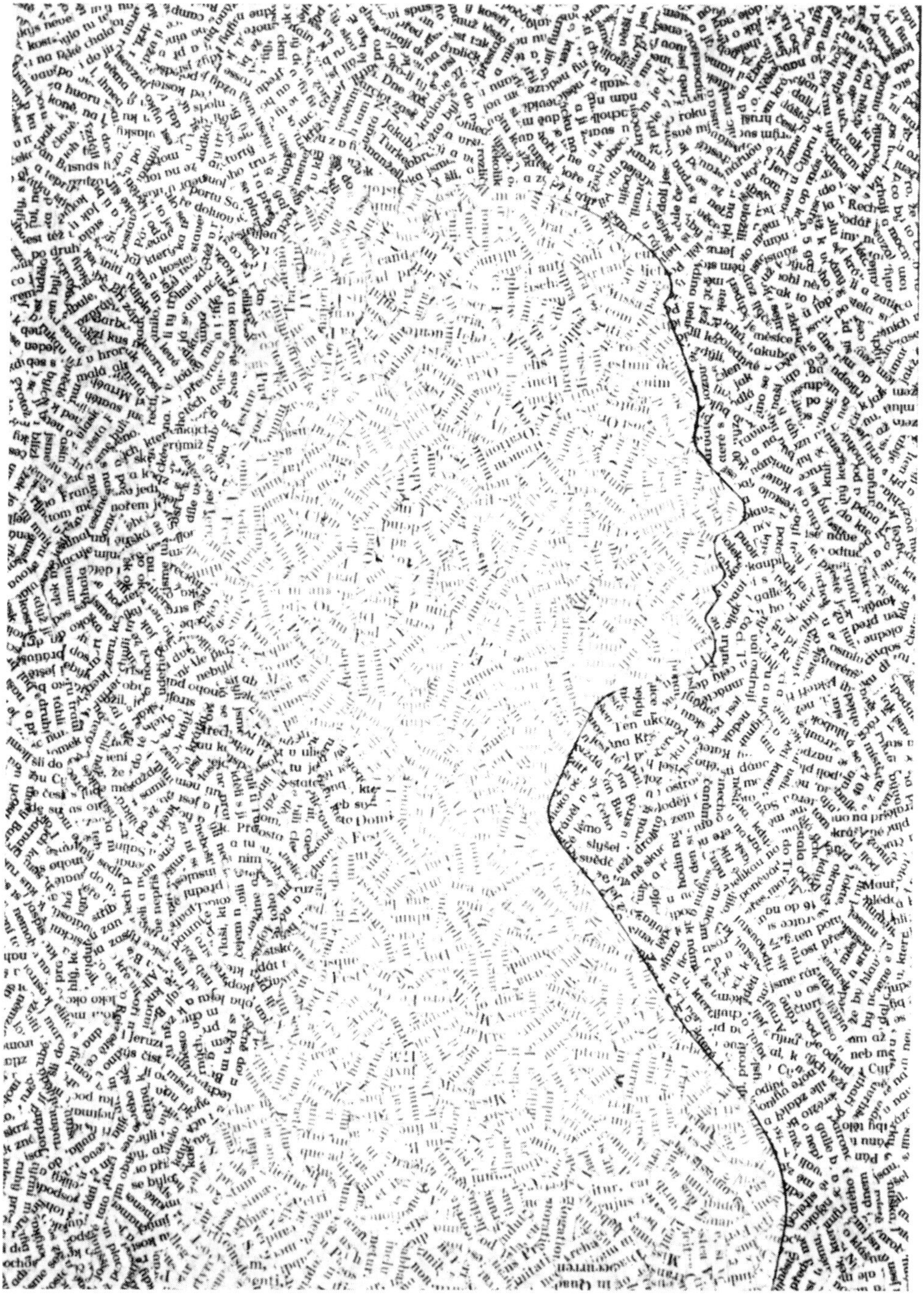

PARADE

WEEK

44

Stand in the corner
shut your eyes
count to a hundred
open your eyes
and put your left foot forward
and march to the opposite corner
so that without
sitting lying
or changing direction
the journey will take at least an hour
Make a note of everything
at least in slogans
that comes to or stands out
in your mind this whole time

• ROUGH DAY ☞

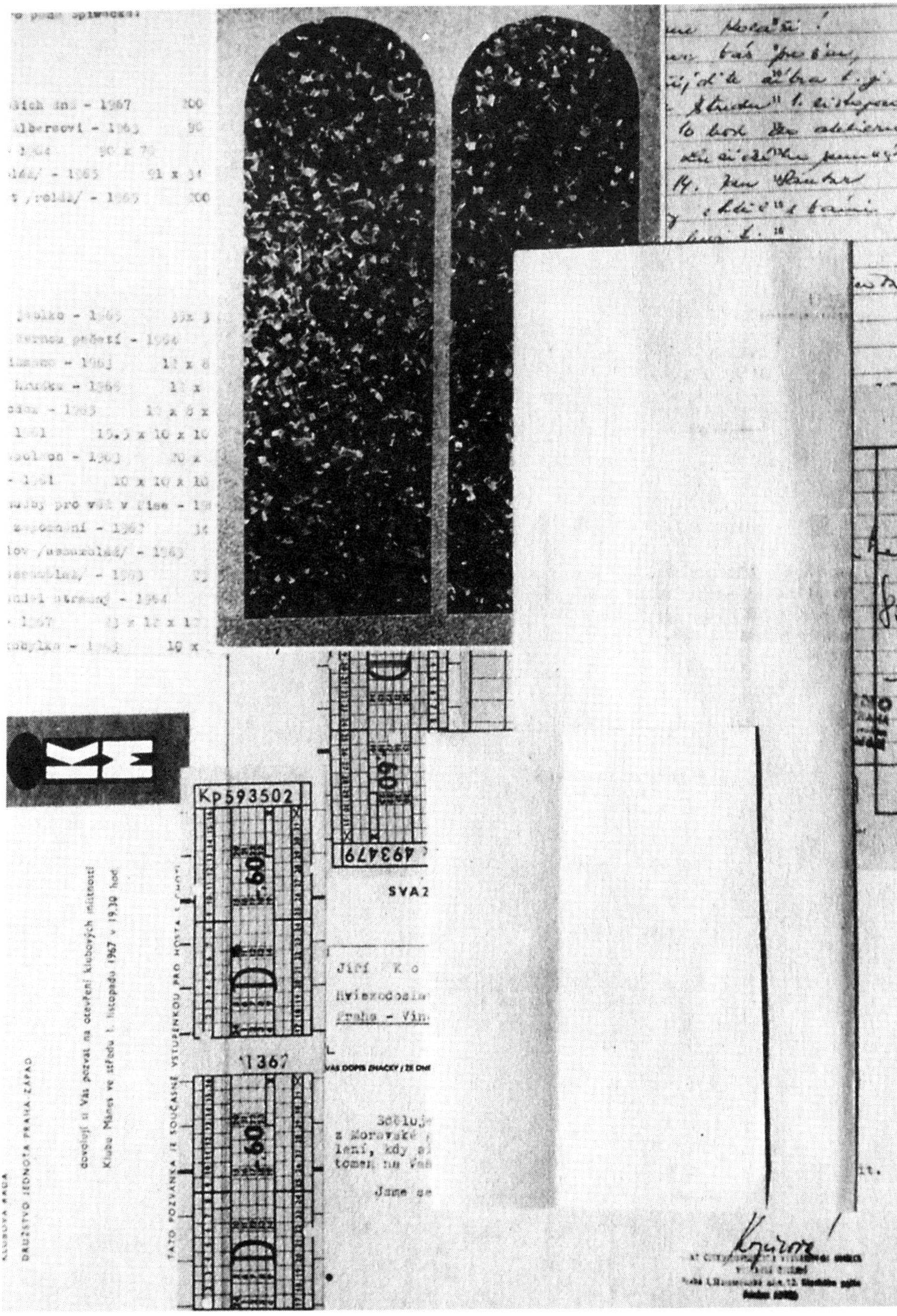
Kp593502
493479
1367
SVAZ
DRUŽSTVO JEDNOTA PRAHA ZÁPAD
dovolují si Vás pozvat na otevření klubových místností
Klubu Mánes ve středu 1. listopadu 1967 v 19.30 hod.
TATO POZVÁNKA JE SOUČASNĚ VSTUPENKOU PRO HOSTA

WEEK

45

NEVER AGAIN

Get on a tram
or bus
and focus intently on
the vibration beneath your feet
the sounds inside and out
the life all around
the presence of others
recall how many times you've travelled
where to and from and with whom
guess what someone is thinking
what he's experienced
what he reads what dream he's harboured
retain somewhere in memory
enough room

for

what you would like to happen to you
what annoys you
what you've forgotten
and meanwhile keep listening
to your thoughts asking
what you would do
if you knew
you'd never go home again

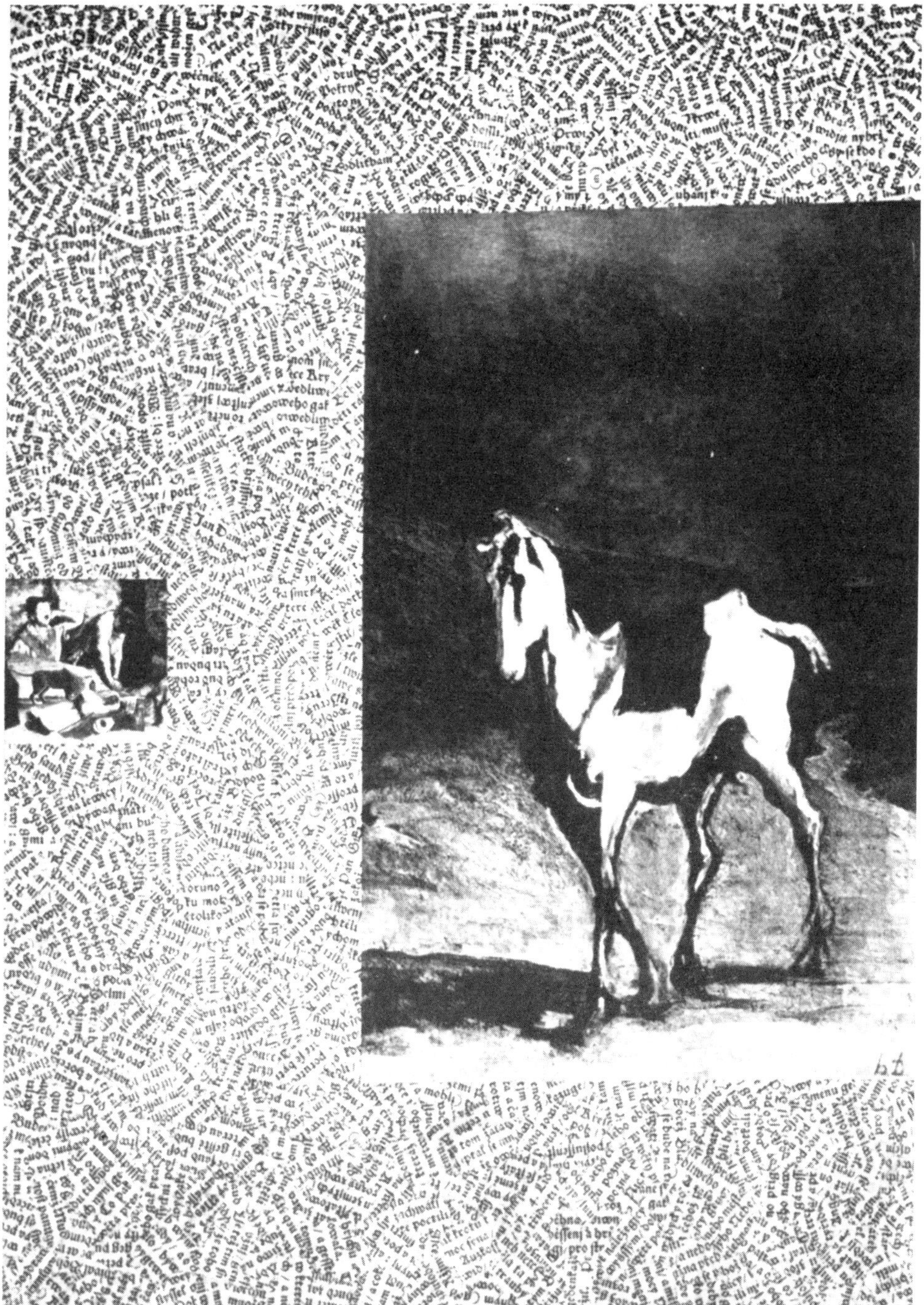

WEEK

46

HANG PUT PLACE

Hang a sign in the window:
NOT BUYING STAMP COLLECTIONS
NOT SWAPPING FLATS
NOT OFFERING PIANO LESSONS
DOG NOT LOST

•

Put a sign on the door:
BACK IN ONE HUNDRED YEARS
NO EMPLOYEES ALLOWED
DO DISTURB
POLLUTING NOT PROSECUTED
SPIT ON THE GROUND
ENTRY ONLY WITHOUT INVITATION

•

Place a classified ad:
SELLING PRAM FOR OCTUPLETS
LOOKING FOR UNINTELLIGENT MAN
SMOKER DRINKER GAMBLER
HIDEOUS PERVERSE CRIMINAL
NEW YORK DEPOPULATED WHILE YOU WAIT
LOOKING TO SWAP BOX OF MATCHES FOR A PYRAM
FREE CEILING-WALKING LESSONS

•

• HOMAGE TO O. BŘEZINA ☞

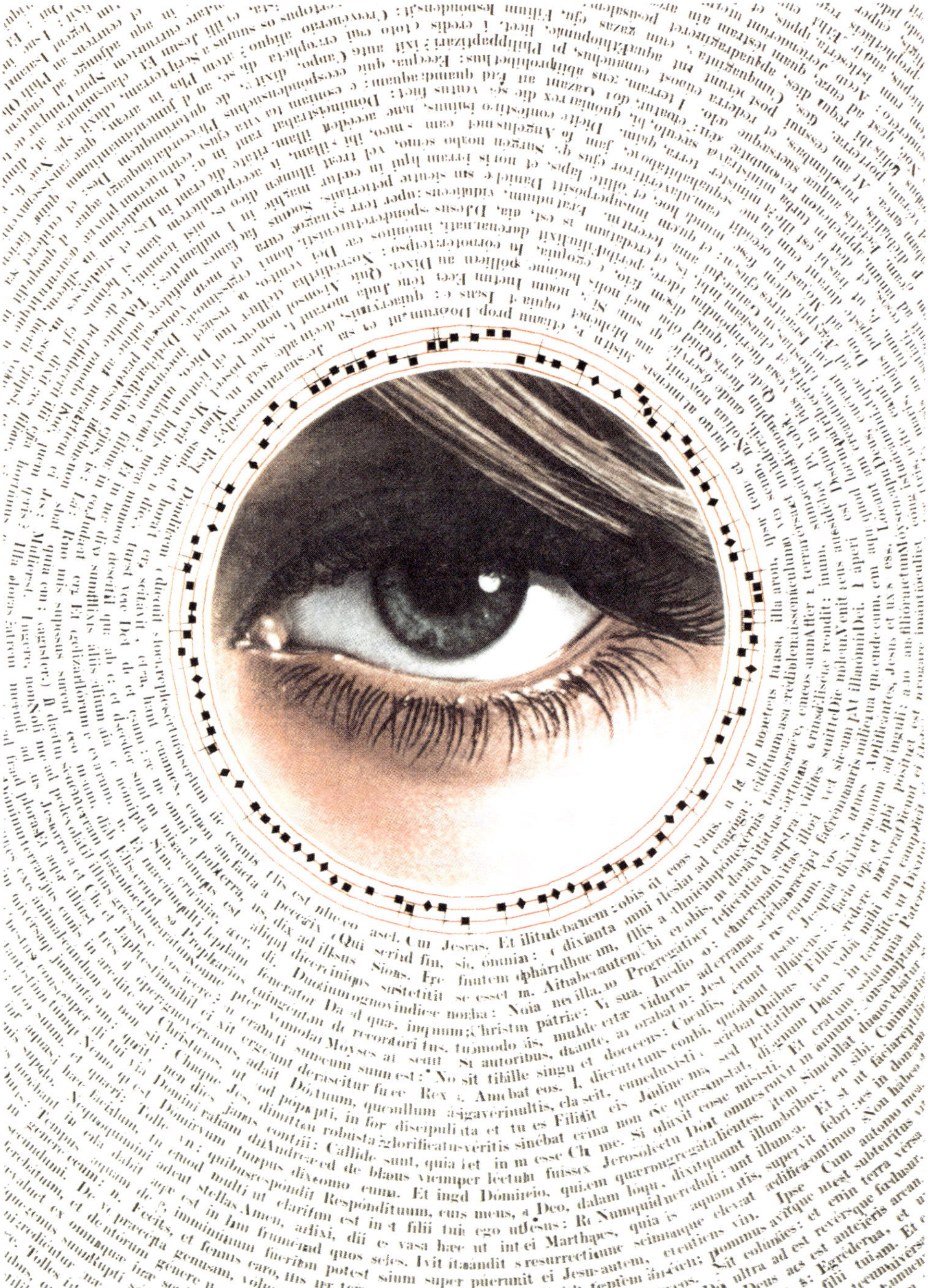

WEEK

47

POEM OF SILENCE

FOR EMIL JULIŠ

Collect
a pile of pebbles
and from them compose
anywhere

and with a title
pebble by pebble
as word by word
line by line

as verse by verse
a pretty poem

• FRONTISPIECE FOR E.J. ☞

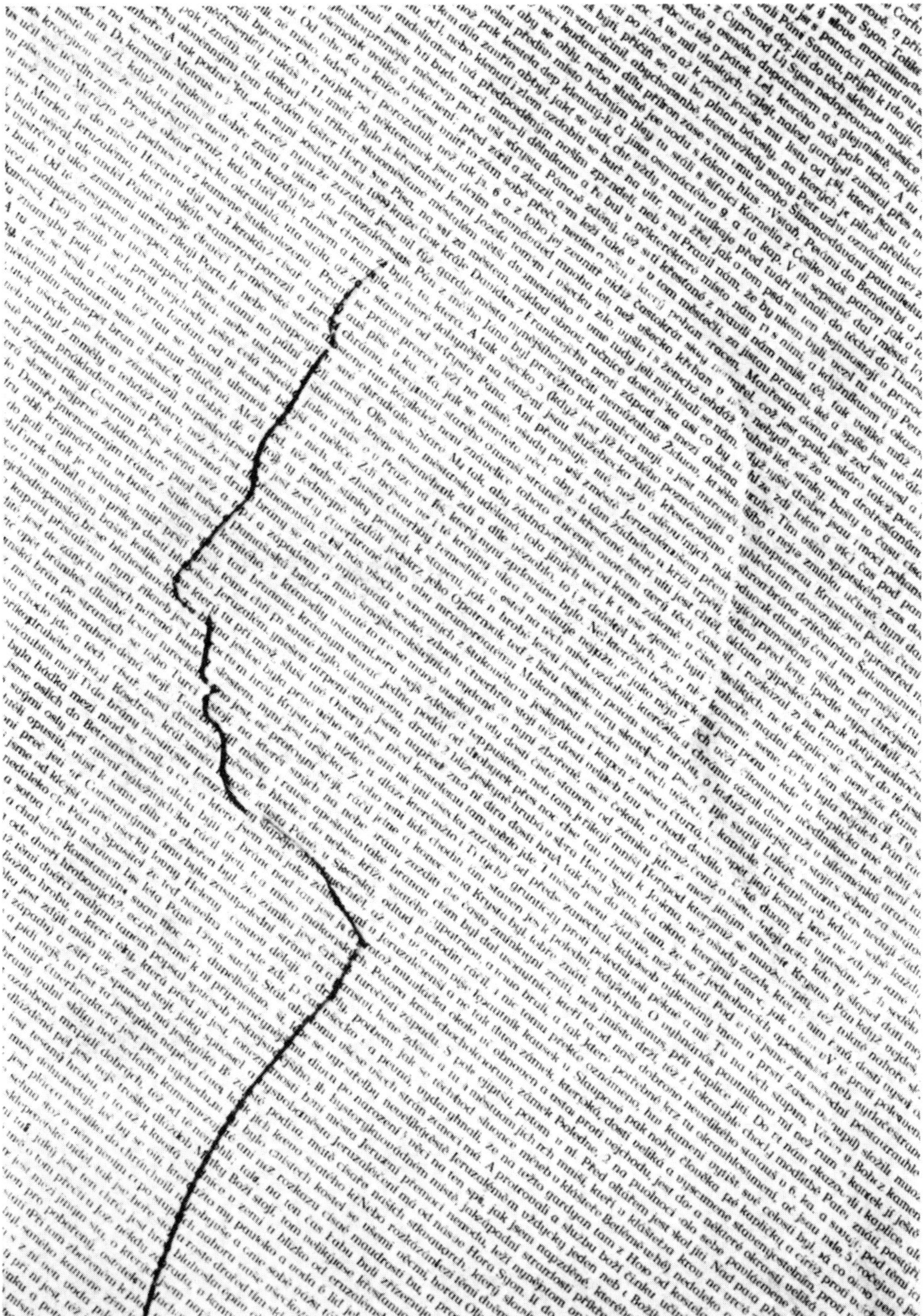

WEEK

48

COMMEMORATION

Stand with your back to the door
walk around the room
while your right hand conducts a march
and the left scratches you all over
until you leave the house
Stand before the entrance a while
with your head up
as though with a nosebleed
then walk along the curb into town
and wink at anyone
who looks your way

In front of every grocery doff your hat
in front of every pub alter your stride
in front of every clothes store sneer
in front of every shoe shop limp
in front of every toy store hop
in front of every telephone booth plug your ears
and so on until you tire of it

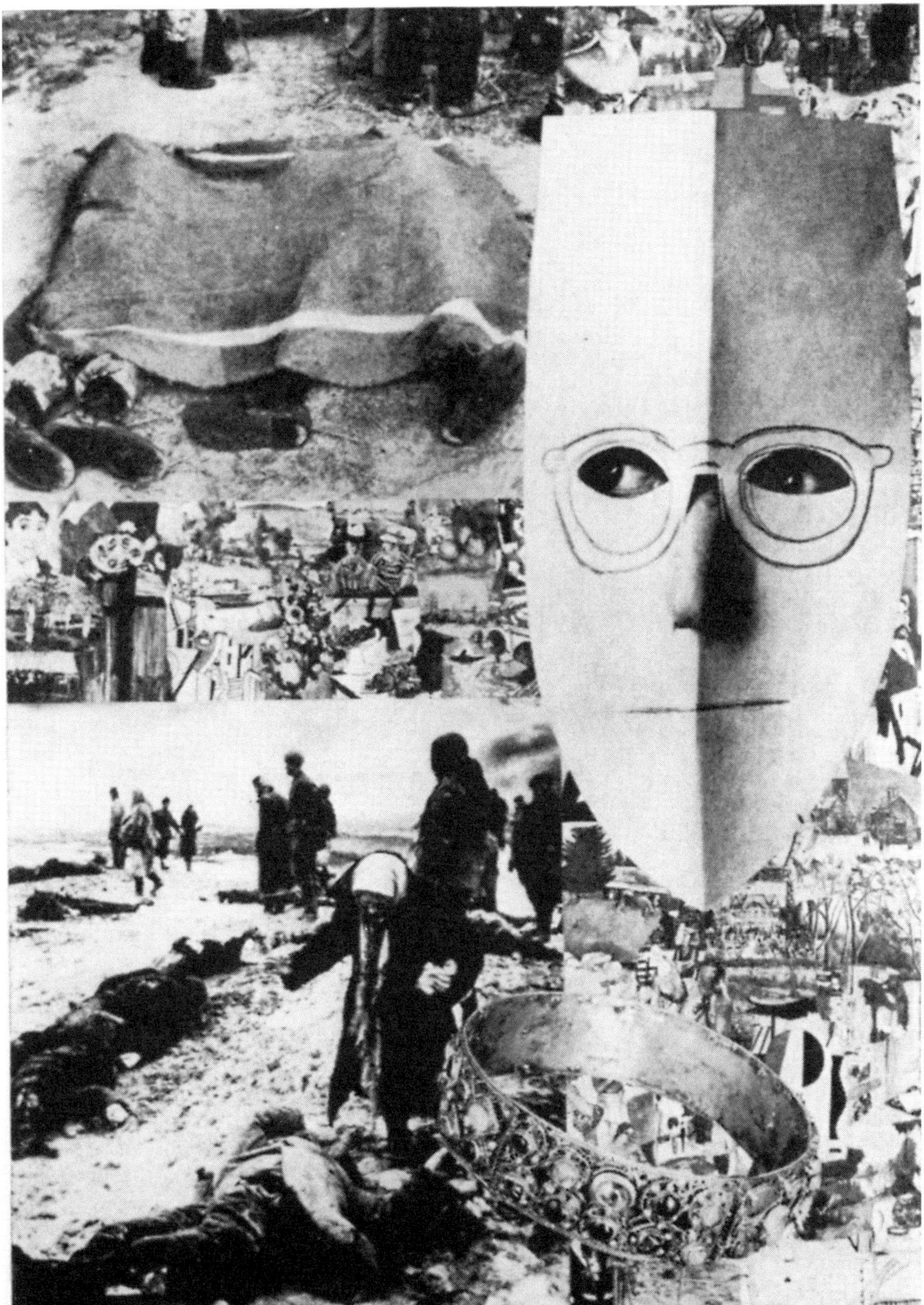

WEEK

49

NOTHING THREE TIMES

1.

Have a go at a fairy tale
about a town covered in mourning dress
and cover your flat
in black
or in whatever material you choose

2.

On the floor draw
like the traffic police
a chalk outline
of a traffic accident
with a puddle of blood sprinkled with sand

3.

Imagine some characters
and think up names of patrons
sewing machines
tractors
televisions
food processors
punch clocks
calculators
headframes
ovens
workbenches . . .

• HOMAGE TO A HEART TRANSPLANT ☞

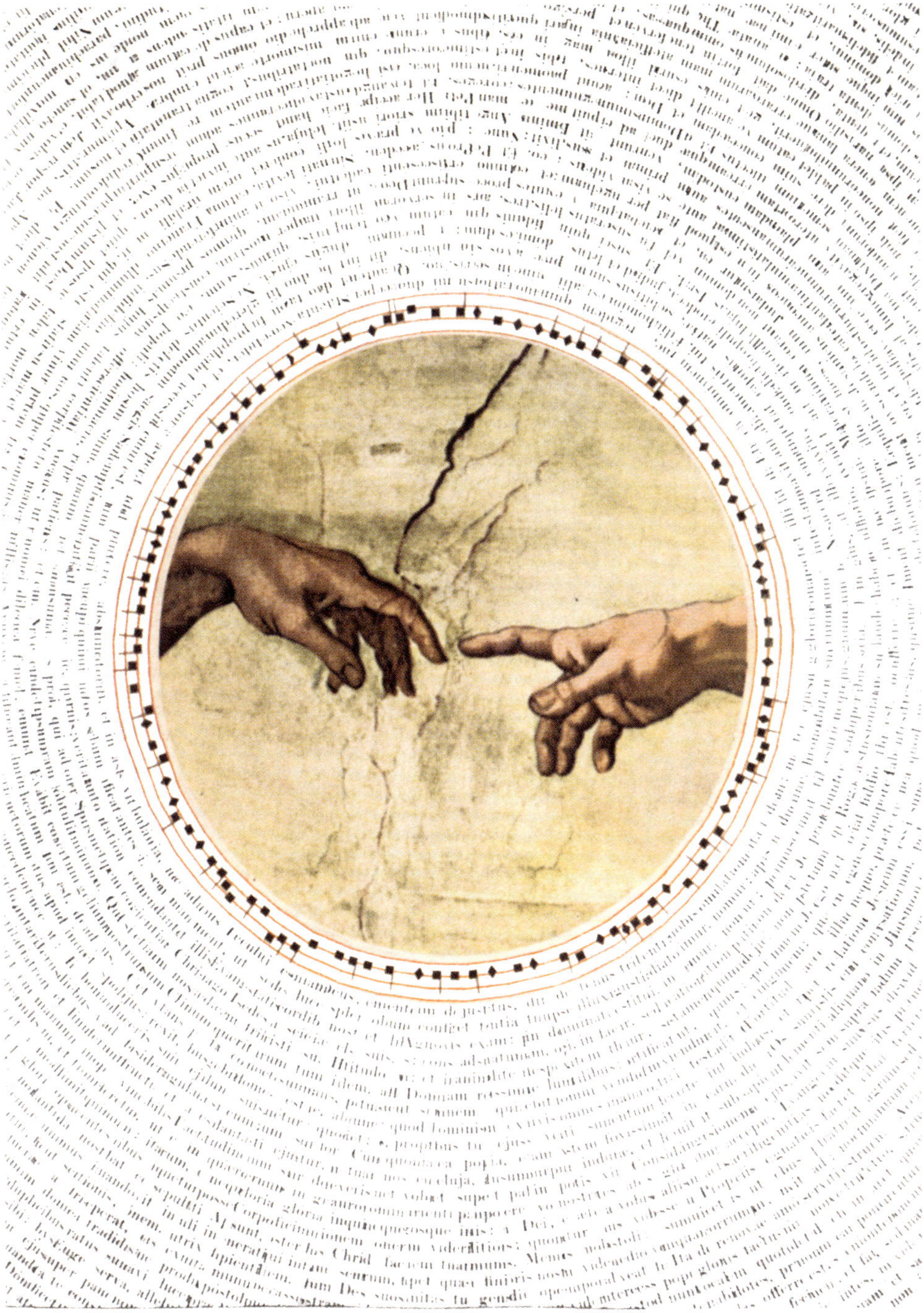

WEEK

50

AERIAL STATUE

Stand
in a well-lit place
run your finger over an aerial boulder before you
turn it over a moment
step back
put on an overcoat
light a cigarette
turn on the radio
pick up your tools
and start to chisel
After a while leave
return with a toothpick between your teeth
a bottle in your hand
and continue with your work

•

Step back from the statue several times
fix any details
suddenly check your watch
lay down your chisel and hammer
light another cigarette
pour wine
drink
sit down on a chair
and for a long time
stare as if mesmerised
with drink in hand
at what you've made

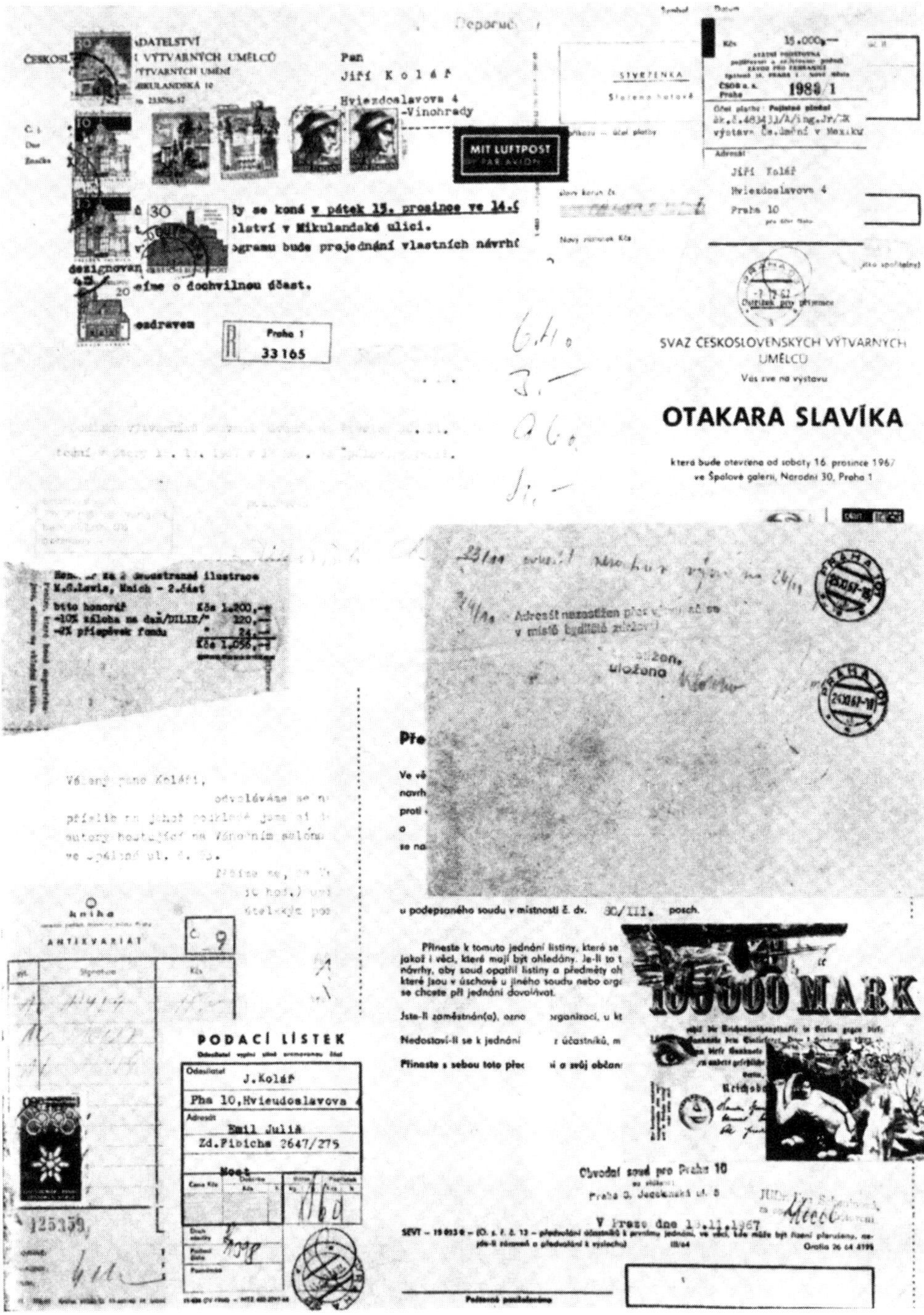

Pan
Jiří Kolář
Hviezdoslavova 4
-Vinohrady
MIT LUFTPOST
PAR AVION
Praha 1
33165
Kčs 15.000,—
Jiří Kolář
Hviezdoslavova 4
Praha 10
SVAZ ČESKOSLOVENSKÝCH VÝTVARNÝCH UMĚLCŮ
Vás zve na výstavu
OTAKARA SLAVÍKA
která bude otevřena od soboty 16. prosince 1967
ve Špalově galerii, Národní 30, Praha 1
uložena
ANTIKVARIÁT
PODACÍ LÍSTEK
J.Kolář
Pha 10,Hvieudoslavova 4
Emil Juliš
Zd.Fibicha 2647/275
u podepsaného soudu v místnosti č. dv. 30/III. posch.
100000 MARK
Obvodní soud pro Prahu 10
V Praze dne 13.11.1967

WEEK

51

FAREWELL

Swallow something bitter
paint your hands white
and write without crossing out
a wish for every year
you've lived
then take a piece of black cloth
open a window
and wave
as though bidding farewell to a dear friend

• MERRY CHRISTMAS TO K. MALICH ☞

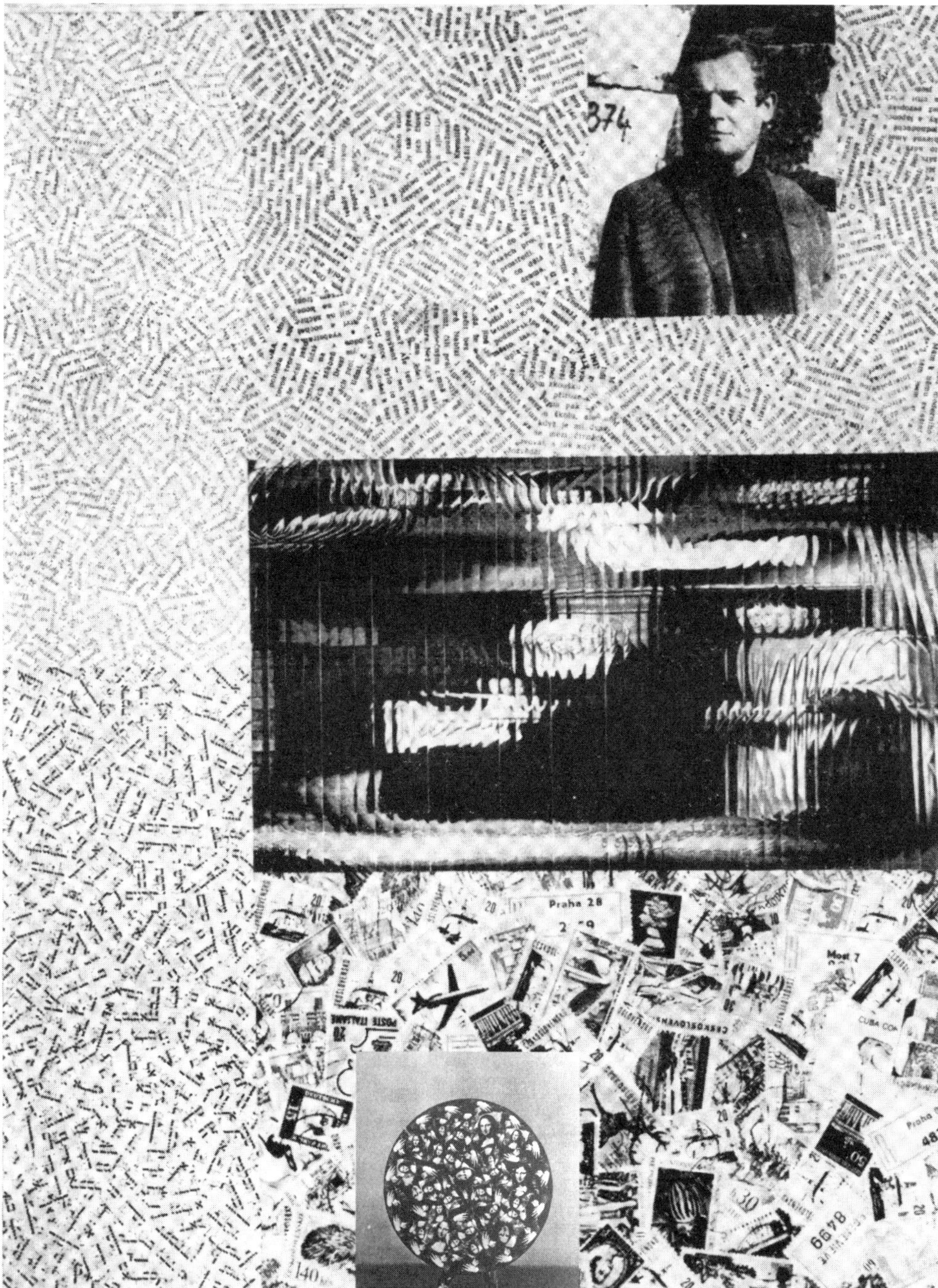
374
Praha 28
Most 7

WEEK

52

EVERYTHING ENDS WELL

Write down
in at least one word
what you think of me:

Thank you, J.K.

• NO GRAND FINALE : SOMETHING'S OFF-KEY ☞

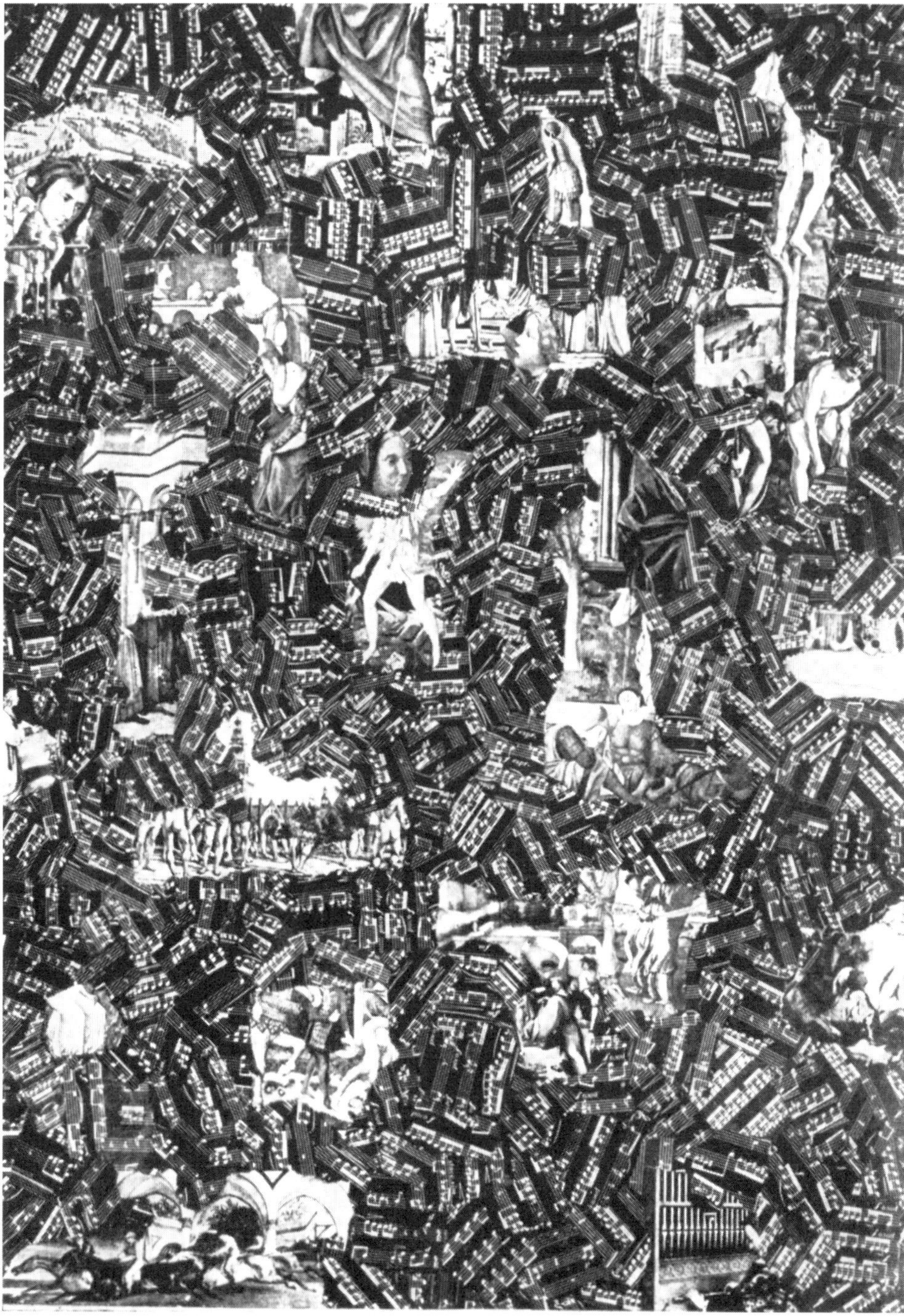

NÁVOD K UPOTŘEBENÍ

I. JMÉNO

Usedni ke stolu
a nemysli na nic
Vezmi pero
a napiš přes celý čistý arch
milované křestní jméno
Náhle vstaň
běž ke dveřím
prudce otevři
počkej s rukou na klice
zavři
mlčky se vrať ke stolu
přečti nahlas jméno na papíře
Piš křížem krážem přes list další jména
vyskoč
odhoď pero
vyběhni na chodbu
zůstaň na prahu a řekni:
— Opět nikdo!

Otoč se do bytu
přemni si tvář a zašeptej:
— Opět všichni!

2. KDE JE?

Nasaď do psacího stroje čistý papír
a pokřti křestními jmény
všechny věci kolem sebe
Například: Karel Stůl
Marie Kniha atd
Připiš k některé věci datum narození
k jiné místo
k další životopis nebo zvláštní znamení
uprostřed práce
vyběhni před dům
rozhlédni se pečlivě po okolí
a zeptej se k nebi:
— Nebyl zde někdo?

Čekej na odpověď
Potom zklamaně rozhoď ruce
pohlédni na hodinky a řekni sám sobě:
— Je tři čtvrtě na pět,
kde je?

3. KDO TO MŮŽE BÝT?

Ulehni naznak doprostřed místnosti
zavři oči
a soustřeď kolem sebe všechny lidi
ptáky
zvířata i věci
které jsi poznal
nebo po nichž jsi toužil
Vstaň
postav se na špičky
a snaž se spočítat všechny kdo měli přijít
Náhle ustaň
přistup ke dveřím
naslouchej s uchem na výplni
pohlédni klíčovou dírkou
přilož ucho k podlaze
dej znamení o ticho s ukazováčkem na rtech
směrem ke stropu
vstaň
naslouchej s dlaněmi na uších
směrem ke stropu
a požádej o ticho s ukazováčkem na rtech
směrem k podlaze
potom se rozhlédni po místnosti a zeptej se:
— Někdo přichází, kdo to může být?

4. NIKDO NIKDY

Nakresli na podlahu čtverec
kruh
trojúhelník
a lichoběžník
Postav do obrazců
předmět denní potřeby
knihu
přístroj
do posledního se postav sám
— vyzkoušej všech šestnáct variací sestavy
které poskytují obrazce
Potom zapni rádio
svlékni se
připoutej k nahému tělu předmět
knihu i přístroj
vyčisti hlavu od myšlenek
setrvej několik vteřin v klidu a řekni:
— Od prvního pohledu jsem tě miloval . . .
Naslouchej a po chvíli odpověz:
— Od prvního pohledu jsem tě nenáviděl . . .
Naslouchej a po chvíli pokračuj:
— Nikdo nikdy tě miloval a nenáviděl tak
jako já.

5. POCTA MOUCHÁM PAVOUKŮM RYBÁM MYŠÍM A PSŮM

Počkej na déšť
a jdi koupit
mucholapku
smeták
udici
past
a obojek

Cestou zpátky nepromluv zbytečné slovo

Doma zapal tři svíčky
každou jinak velkou
polož před ně knihu básní
knihu o vesmíru
a knihu filozofických pojednání
Pak rozšlap mucholapku
znič smeták
přetrhej udici
rozbij past
rozřež obojek
a všechno spal
nebo odnes do popelnice

6. LOŇSKÝ SNÍH

Opatři si papír do stroje
ber list za listem
a pokryj stůl
židli
topení
podlahu
všechno
na čem může ležet kousek papíru
dokud nezbělá celá místnost
Potom ulehni na zbylé místo
pokryj i sebe
zavři oči
a v myšlenkách na loňský sníh
chvíli odpočívej

7. POCTA KOLUMBOVI

Požádej v obchodě
nebo v opravně plnicích per
a věčných tužek o papíry
na které zákazníci zkoušejí
zda pero či tužka správně fungují
a nadělej z těch čmáranic
alespoň sto lodiček
Když nemáš tuto možnost
nebo se stydíš
použij plavební jízdní nebo letecký řád

Na noc odnes do koupelny
několik hrnců
pekáčů nebo jiných nádob
a naplň je vodou
Potom naplň i umyvadlo a vanu
posaď lodičky na čekající vodu
a jdi spát
Když budeš mít chuť
poslechni si ještě zprávy
nebo nějakou hudbu

8. VYRUŠUJI

Rozházej několik hrstí
drobných mincí
kolem nejnižší školy
těšně před skončením vyučování
a odejdi
V prvním papírnictví
kup písanku
a doma celou popiš
abecedou
početními příklady
diktáty
krasopisně opsanými texty
a nakonec stonásobným trestem:
Nedávám pozor a vyrušuji!

Trest podepiš
matkou a otcem
Adamem a Evou
nebo jinou dvojicí
Patřičně desky pokaňhej
počmárej
případně ušmudlej
a zařaď do knihovny

9. RTY

Po vykoupání a snídani
si namaluj rty
dvakrát větší
a měj je celý den
dokud se nenavečeříš
a nepůjdeš spát

10. DOPIS

Jdi vybrat schránku
a vše
co ti doporučila pošta
roztrhej
a rozhoď do větru
aniž jsi zjistil
kdo co posílá nebo píše
Potom pošli všem přátelům
úřadům nebo sdružením
s nimiž jsi v pravidelném styku
prázdný dopis

I. RYBA

Celý den
ak otevřeš oči
dokud je večer nezavřeš
aniž porušíš
každodenní chod života
nepromluv slovo

Druhý den
kup živou rybu a pusť ji do řeky

12. CHEMICKÝ VZOREC

Požádej náhodné dítě
aby ti zazpívalo
svou nejmilejší písničku
Pozdrav koš na odpadky
vylij do kanálu skleničku parfému
kup los
nepodívej se na číslo
daruj je
neznámé staré ženě nebo muži
a napiš třináct chemických vzorců poezie
třeba jako je tento:
C 51 H6 /Mé-i/2/F J4-Ba/7 /e/2/a K
éY/3/RD5/21

13. CESTA

Odejdi
nebo odjeď s holýma rukama
do města
kde nikoho neznáš
a prožij tam tři dny
Když budeš mít hlad
popros o chleba
když budeš mít žízeň
popros o vodu
Přespi kde se dá
a každý den se zeptej
devíti lidí na člověka
s tvým jménem
s tvým osudem

14. TANEC

Zatanči
jako by na tom závisel celý tvůj život
Počkej chviličku na potlesk
ukloň se
usměj
znovu počkej
opět poděkuj
znovu čekej
zklamaně se prodírej davem
vezmi tác
nabízej jídlo
pití
cigarety
hovoř cizími jazyky
zodpovídej dotazy
ukaž někomu toaletu
někoho přivítej
s někým se rozluč
vmísi se do debaty
Pak vezmi kůži
nebo kus novin
a děj se do čištění oken

15. TVÁŘÍ KE ZDI

Sejmi obrazy se zdí
odstraň koberce
shlukni nábytek do středu místnosti
pokryj jej balicím papírem
jako před malováním
stoupni si do rohu tváří ke zdi
a vydrž tam co nejdéle

16. DOMÁCÍ MUZEUM

Do rohu prázdné místnosti
shromáždi všechny předměty
které můžeš doma sehnat
ať je to nádobí
prádlo
nářadí
knihy nebo cokoliv
a postupně
jednu věc za druhou
jak ti budou přicházet do rukou
rozvěs po stěnách
jako to bývá v muzeích
zámcích zbrojnicích nebo hradech

17. BÁSEŇ NEBO OBRAZ

Vystěhuj místnost
se vším všudy
a podepiš se na práh
jako bys podepsal
báseň nebo obraz

18. SOCHA

V prázdné
čistě vybílené místnosti
opři o zeď
rozvinutou standartu
s polosmytým nápisem
z nějakého průvodu
slavnosti nebo manifestace

19. AMNESTIE

Z prázdné ptačí klece
vyvěs
bílou vlajku

20. PO OTŘESU

Vylom dveře
vyvrať a rozbij okna
zpřevracej nábytek
strhej obrazy
rozházej co se dá
a zaneřaď jak se dá
jako po nějakém hrozném
výbuchu nebo otřesu

21. VSTUP VOLNÝ

Do opuštěné kůlny
čistého sklepa
nebo vyklizené garáže
postav prostřený stůl
špalek se zaťatou sekerou
necky obrácené dnem vzhůru
a posadu na husy
Na jednu stěnu pověs věnec
na druhou vykuchaný obraz
na třetí plášť
na čtvrtou noviny v držáku

Nad vchod připevni ceduli
VSTUP VOLNÝ

22. NÁVRAT

Vezmi věc
kterou jsi našel
nebo odcizil
a vrať ji tam
kde jsi ji našel nebo odcizil
Jdi na nádraží
počkej na příjezd vlaku
a vyjdi s cestujícími
jako bys odněkud přijel

23. POLIBKY

Vyznej někomu lásku
a pomiluj se

Vyznač na nějaké reprodukci
sochy nebo aktu
místa a počet polibků
které jsi dal
které jsi dostal

24. AŽ

Až uslyšíš o nevěře
napiš milostný dopis
roztrhej ho
nasoukej do láhve
a přidej v tomto pořadí:
sedm hlaviček zápalek
zlomenou žiletku
prstýnek
jízdenku
neplatnou bankovku
kousek prádelní šňůry
obvazu
ostnatého drátu
vstupenku
stránku knihy
střep zrcátka
klíček s natočeným plechem od konzervy
žvýkací gumu
chomáček vlasů
vymačkanou tubu
výplatní pásku
dudlík
součástku auta
kousek gramofonové desky
magnetofonové pásky
fotografii s milostným věnováním
a dál co určíš až bude láhev plná
Pak ji zazátkuj
a zahrab na smetišti

25. AŽAŽAŽ

Až uvidíš nějaké neštěstí
udělej oprátkovou báseň
přivaž k ní kámen
a hoď ji
nedaleko jatek do vody

Až potkáš pohněvané milence
rozbij zrcátko
kup knihu
a pohoď ji večer v parku

Až se doslechneš o nějakém zločinu
zlom tři nože
a zadupej je do země
daleko v lese nebo v polích

26. COKOLIV TĚ NAPADNE

Popiš
nejrůznějšími podpisy
reprodukci obrazu
hromadnou fotografii
nebo bankovku
jako by to byla prezenční
nebo svědecká listina

Počmárej
nejrůznějšími podpisy
cokoliv tě napadne

27. SVATEBNÍ OZNÁMENÍ

Vyhledej v paměti
v dějinách
nebo v literatuře
dvojici milenců
kteří zemřeli
aniž uskutečnili svůj sňatek
Dej jejich jménem
natisknout svatební oznámení
a rozdej je chodcům na ulici
v den a hodinu
které určuje čas
jejich sňatku na oznámení

28. UTKÁNÍ

Zaznamenej kresbu
cesty míče
při fotbalovém nebo jiném utkání
Připiš jména soupeřů
výsledek zápasu
datum
a hlavní titulky novinových zpráv

29. POZDRAV

Vyjdi na ulici
s dlouhým papírovým ocasem
vzadu na kabátě
vyryj do stromu monogram
jmen dvou zvířat
zavolej přes plot
pozdrav trávě
z mostu pozdrav rybám
ze sklepa pozdrav střechám
z vikýře pozdrav dlažbě
atd jak se ti zlíbí

30. V NOCI

Přilož skráň na kolejnici
a dlouho naslouchej
Na druhou kolej
polož nasliněnou minci
a bez ohlédnutí odejdi

V noci
až vše utichne
s roubíkem v ústech
napiš na sebe hanopis
bez zamlčení čehokoliv
a ráno je pošli milence
matce
ženě
nebo nejlepšímu příteli

31. SONET

Vezmi román
který neznáš
odřízni hřbet
odstraň paginaci
a co nejvíce přeházej stránky
V tomto nepořádku
knihu přečti
a napiš na čtrnáct řádek
její obsah

32. PARTE

Nech natisknout
vymyšlené zelené
fialové žluté červené
modré nebo bílé parte
a rozešli je známým
V stanovený den
se oblékni do smutku
cestou kup kytici
a polož ji
v určenou hodinu
na zanedbaný hrob
Zbytek dne prochoď po městě
a opij se

33. POCTA T.S.E.

Vyškrtej nebo podškrtej
v jakémkoliv časopise
slova
nějaké písničky
návodu modlitby proslovu
vyhlášky dopisu nebo básně

34. ČERSTVÉ NATŘENO

Vyhledej malebnou
úzce přístupnou vyhlídku
zahraď ji provázkem
s výstražnou vějičkou
a velkým nápisem:
NEDOTÝKATI SE!
ČERSTVÉ NATŘENO

35. STRAŠÁK?

Překřiž dvě hole
na kříž oblekni košili
a přes košili kabát
Místo hlavy nasaď hrnec
s otvory pro oči
místo rukou zavěš vějičky
a celou figuru ozdob
cinkavými předměty
Nakonec ji připevni na stojan
a postav doma na nejlepší místo

36. CELNÍ BÁSEŇ

Ulož do zavazadla
vše od pyžama po kartáček na zuby
jako by ses chystal na dalekou cestu
Potom všechno
rozlož do řady
jako bys očekával
přísnou celní prohlídku

37. DÍLO V ZRODU

Sestav postup zrodu
například — boty
od jejího fiktivního stavu
v kusech kůže
a částech potřebného materiálu
až do hotového výrobku
se zachovanými aplikacemi
opracovávaných dílů

38. CO BY SIS PŘÁL

Vyznač na mapě
nebo popiš místo
kam bys postavil
nebo položil
stometrový banán
stejně velkou postel
jehlu
krabičku od cigaret
fotoaparát
klíč
žehličku
metr
konev
žárovku
atd
co by sis přál

39. RUKA

Obkresli levou ruku
na tuhý potištěný papír
Pak ji vystřihni
libovolně rozmnož
v místech dlaně
vybodej slepeckou báseň
druhou stranu opečeť
podepiš
a zasuň pod dveře domu
s počmáranou omítkou
do kterého jsi nikdy nevstoupil

40. PARTITURA

Usedni
snímek bude napřed zpředu
pak z pravé a z levé strany
Nyní otisky prstů
váha
výška
objem hrudi pasu krku
délka paží nohou pohlaví
Vše zanes na notový papír
jako nějakou partituru
a pokračuj:
Jméno
bydliště
stav
narození
atd všechny obvyklé údaje
pro výslech
Nakonec převaž ručníkem oči
a jdi se napít z kohoutku vodovodu

41. JARNÍ

Vyhledej místo
kde děti hrajou kuličky
polož do každého důlku
píšťalku
nebo nožík
peníz
kovovou figurku
nebo jinou hračku
a pečlivě důlky zahrab
Odejdi kus cesty pozpátku
kus poslepu
kus jednou nohou na chodníku
a druhou na vozovce
kus pata špička . . .

42. KUP A PUSŤ

Kup bílou myšku
nebo ještěrku
stehlíka
morče
užovku nebo veverku
a pusť ji na místě
kde přišel někdo o život
Na odchodu obejdi strom
kandelábr
mravence
auto
dům
odhozenou jízdenku
cokoliv
tolik věcí nebo bytostí
kolik lásek proběhlo tvým životem

43. DOTYK

Vzpomeň na první milostný dotyk
a postupně
jak tě zastihovaly
napodob všechny úkony lásky

Napiš žárlivý dopis
a spal jej
Roztrhej vlastní fotografii
a hoď do kanálu darovaný předmět

44. POCHOD

Postav se do rohu místnosti
zavři oči
počítej do sta
otevři oči
a vykroč levou nohou
do protějšího rohu tak
aby ti tato cesta
aniž usedneš
ulehneš nebo porušíš směr
trvala nejméně hodinu
Alespoň v heslech
zaznamenej vše
co tě za celou dobu napadne
nebo vyvstane z paměti

45. JIŽ NIKDY

Nastup do tramvaje
nebo autobusu
a přesně si uvědom
chvění pod nohama
zvuky uvnitř i venku
život kolem
přítomnost druhých
vzpomeň kolikrát jsi tak jel
kam odkud s kým
hádej na co kdo myslí
čím je co prožil
co čte jaký měl sen
někde v paměti
udržuj dostatečný prostor

pro to

co bys chtěl aby tě potkalo
co tě znepokojuje
na co zapomínáš
a přitom stále naslouchej
volání myšlenky
co bys dělal
kdybys věděl
že se již nikdy nevrátíš domů

46. VYVĚS VYZNAČ PODEJ

Vyvěs za okno cedulku:
NEKOUPÍM SBÍRKU ZNÁMEK
NEVYMĚNÍM BYT
NEVYUČUJI HŘE NA KLAVÍR
NEZABĚHL SE PES

•

Vyznač na dveře:
PŘIJDU ZA STO LET
ZAMĚSTNANÝM VSTUP ZAKÁZAN
VYRUŠUJTE
ZNEČIŠŤOVÁNÍ SE NETRESTÁ
PLIVEJTE NA ZEM
VSTUPTE JEN BEZ VYZVÁNÍ

•

Podej inzerát:
PRODÁM KOČÁREK PRO OSMERČATA
HLEDÁM NEINTELIGENTNÍHO MUŽE
KUŘÁKA PIJANA KARBANÍKA
ŠKAREDÉHO ZVRHLÉHO TRESTANÉHO
VYLIDNÍM NEW YORK NA POČKÁNÍ
VYMĚNÍM KRABIČKU ZÁPALEK ZA
PYRAMIDU
NAUČÍM ZDARMA CHODIT PO STROPĚ

•

47. BÁSEŇ TICHA

E. JULIŠOVI

Sesbírej
hromádku oblásků
a sestav z nich
kdekoliv

a s nadpisem
oblásek za obláskem
jako slovo za slovem
řádku za řádkou

jako verš za veršem
pohlednou báseň

48. VZPOMÍNKA

Postav se zády ke dveřím
obejdi místnost
přitom pravou rukou diriguj pochod
a levou se všelijak drb
dokud nevyjdeš z domu
Před vchodem chvíli postůj
s hlavou vzhůru
jako by ti tekla krev z nosu
pak vykroč po lemu chodníku do města
a zamrkej na každého
kdo na tě pohlédne

Před každým potravinářstvím smekni
před výčepem změň krok
před konfekcí ohrň nos
před obuvnictvím zakulhej
před hračkářstvím poskoč
před telefonní budkou zacpi uši
a tak podobně dál do omrzení

49. TŘIKRÁT NIC

1.

Zkus pohádku
o městě potaženém smutečním suknem
a pokryj svůj byt
černou
nebo jinou látkou kterou zvolíš

2.

Nakresli křídou na podlaze
situaci pouličního neštěstí
jak je zaznamenává
dopravní policie
i s kaluží krve zasypanou pískem

3.

Představ si postavy
a vymysli jména patronů
šicích strojů
traktorů
televizorů
kuchyňských robotů
píchaček
počítaček
těžních věží
pecí
ponků . . .

50. VZDUŠNÁ SOCHA

Postav se
na dobře osvětlené místo
ohmatej vzduchový balvan před sebou
chvíli jím otáčej
odstup
oblékni plášť
zapal cigaretu
pusť rádio
zvedni náčiní
a začni tesat
Za nějakou dobu odejdi
vrať se s párátkem mezi zuby
s lahví v ruce
a pokračuj v práci

•

Několikrát od sochy odstup
oprav detaily
náhle pohlédni na hodinky
odlož dláto i kladivo
znovu si zapal
nalij víno
napij se
usedni na židli
a dlouho
jako uhranutý
se skleničkou v ruce
pozoruj cos udělal

51. NA SHLEDANOU

Spolkni něco hořkého
natři si bíle ruce
a sepiš bez škrtání
kolik přání
kolik je ti let
potom vezmi kus černé látky
otevři okno
a zamávej
jako by ses s někým drahým loučil

52. KONEC VŠE NAPRAVÍ

Napiš
alespoň jedním slovem
co si o mě myslíš:

Děkuji J. K.

TRANSLATOR'S NOTE

How does language relate to the world? This question lies at the heart of Jiří Kolář's work. Both in his collages and in his poems, Kolář explicitly engages with the materiality of language: he contorts it, recontextualizes it, cuts it up, and reappropriates it. Whether gluing fragments of text to a canvas or mimicking the patterns of everyday speech, his work compels the reader/spectator to view language not as representation but as thing.

A User's Manual is emblematic of this project. In these brief, seemingly simple poems, Kolář draws attention to the locus of speech, action, and things. The poems are not passive reflections or impressions of the world. They are instructions, a call to action, albeit witty and at times absurd, which take as their starting point an engagement with the reader's immediate surroundings. And it is here, at the intersection of word, world, and deed, that Kolář forged his distinctive poetic voice.

The collection is dated to 1965 (some were composed in the 1950s) but wasn't published until 1969, accompanied by 52 of Kolář's images comprising his first "weekly," in this case *Weekly 1967*. By the time of its publication, the bulk of Kolář's poetic work had been written. To view *A User's Manual* as the culmination of a longer aesthetic project is perhaps too crude an interpretation. However, the collection undeniably reflects, to some extent, Kolář's preoccupation with the visual and textual that spanned his creative life.

The language in *A User's Manual* is markedly more pared down compared to Kolář's earlier work, though the collection *Days in a Year*, a journal in verse, hinted at this shift toward simplicity. The aesthetic of *A User's Manual* echoes the idea of "word autonomy" espoused by the Italian Futurists, notably Marinetti, whom, according to the art and literary theorist Jindřich Chalupecký, Kolář had discovered at the age of sixteen. Whatever

Futurism's overall impact on Kolář, it's interesting that the strongest apparent influence doesn't appear until this later collection. It could be that other influences, such as Whitman and Eliot, had been pulling Kolář in other directions. It has been claimed that Kolář returned Czech poetry to a Whitmanesque "elemental materiality" and "hymn-like quality," and while there is an undeniable immediacy and a demotic quality in Kolář's work, in contrast to Whitman, he brings the reader back to the poem itself. *A User's Manual* doesn't make the quotidian poetic so much as present the poem as act (or act as poem). The poems presuppose not just an audience but an actor —someone to perform the directives. "Last Year's Snow," for example, directs you to take sheets of paper and rather than writing or typing on them cover a room and everything in it as well as yourself, then:

> shut your eyes
> and thinking about last year's snow
> relax a moment

No reason is given for this action. Its justification is not found in what it symbolizes. You are simply told to imagine snow while lying under the paper.

The poem "Lips" repeats another set of seemingly absurd instructions:

> apply lipstick
> to make your lips twice as large
> and wear it the whole day

The act, similar to the text itself, just is. If either of these poems has any social or political significance, it is how the content contrasts to what society, at least modern industrial society, specifically communist society, dictates as acceptable. And Communist Czechoslovakia certainly had a surfeit of restrictions on personal behavior and expression. In this context, commanding people to engage in "peculiar" behavior, as in "Lips," or to be unproductive and wasteful, as in "Last Year's Snow," can be at once liberating and defiant.

In this sense, it is understandable why Chalupecký interpreted this quality as a form of play in Kolář's work, which "rather than depict anything in the universe points to its laws instead, the modes it could take to exist." The poems are not meant to convey a message. They operate as a sort of private game, in which the reader can imagine the everyday world made different, even unfamiliar. Put simply, the poems reveal the possibilities in the ordinary.

This playfulness has the potential to highlight the relationship between language and the world. The poem "Scarecrow?" gives instructions on how to build a scarecrow out of ordinary items, the exact features of which are not specified. Nor are the specifics important, as they can be inferred. The items are not symbols or archetypes, nor are they weighty things redolent with meaning. They are what is at hand, grounded in life yet possessing an imaginative capacity. The things that inhabit these poems are simply there to do with as instructed, and the words for those things have no more significance than their role in this game.

Through these ludic instructions, Kolář reveals the tension of the general and specific in language. The objects mentioned could be any of their kind — any sheet of paper, any room, any cooking pot — but also the specific object in front of, or in the mind of, the reader. In fact, the poems are grounded in this tension. The text is general, thus repeatable, but its meaning emerges from its specific application. In everyday life, we tend not to reflect on this function because imperatives are forgotten once carried out, or ignored. *A User's Manual* gives us commands we aren't expected to follow, and since the imperatives are robbed of any practical application, we are left with the language, stripped bare and, in a way, pure. The language has no use value — hence the irony of "user" in the title — and so in this way can be seen simply as a thing in a world of things.

But what does this achieve? In terms of aesthetic effect, the impact is limited. The poems are not beautiful in a lyrical sense. Nor do they resonate in a personal or emotional way. Even the most playful poems display a tone that is cold and remote. Yet the focus on the seemingly mundane allows for a poetic voice that doesn't rely on lyricism and emotion. Instead, the voice emerges from the commonplace rendered unexpectedly.

The collages accompanying the poems address the materiality of language less ambiguously. At first glance, their arrangement might appear quite random, though in some cases words create a concrete image or pattern, such as waves. As elements of the collages, words are not only semantic carriers but are themselves arranged to create form. Side by side with the poems, the collages demonstrate the creative potential of stripping language of its function as a conveyor of meaning. While the poems use absurdity to mock the diction of instruction, the collages strip words of their semantic function to exploit their visual qualities. Together, they chart other possibilities for language.

Conveying these possibilities was paramount in the translation. All translations are, of course, fraught with compromises. Something of the poet's original intention is always lost, and *A User's Manual* is no exception. My overriding concern has been to retain the simplicity and directness of Kolář's voice while likewise preserving his view of language as a thing we use. I have therefore mirrored the form of the translation as closely as possible to the form of the original in hopes of accomplishing this.

Ryan Scott
Prague, 2019

ABOUT THE AUTHOR

Jiří Kolář (Protivín, 1914 — Prague, 2002) was one of the most important postwar poets/visual artists in Central Europe. A member of the avant-garde Group 42 (disbanded in 1948 following the Communist coup in Czechoslovakia), most of his major texts were composed in the 1950s and 1960s. In 1952, he was arrested, jailed, and branded an "enemy of the state" by the regime when the secret police discovered the manuscript to his collection of prose and poetry, *Prometheus's Liver*. Kolář is, however, more well-known internationally for his collage innovations, including his famous series *Weekly 1968*. He developed a number of techniques for combining and manipulating scraps of texts and images from a variety of sources to portray the destruction and fragmentation of the world around him, and by the 1970s his work was being exhibited throughout Europe. His signing of Charter 77 put him in direct opposition to the Communist regime, which ultimately forced him into exile. Kolář lived in Paris from 1980, but frequently visited Prague after the Velvet Revolution in 1989, spending his final few years in the city.

ABOUT THE TRANSLATOR

A native of Australia, Ryan Scott is a writer and translator now based in the Czech Republic. His poetry, prose, and translations have appeared in a number of publications, including *Disquieting Muse Quarterly*, *B O D Y*, *Overland Express*, and *New England Review* (Australia).

A USER'S MANUAL
by Jiří Kolář

Originally published in Czech as
Návod k upotřebení (1965) (Most: Dialog, 1969)

Translated by Ryan Scott
All artwork by Jiří Kolář
Typeset in Garamond Pro / Univers
Design by Silk Mountain
based on original Czech edition

FIRST EDITION 2019

TWISTED SPOON PRESS
P.O. Box 21 – Preslova 21
150 00 Prague 5
Czech Republic
www.twistedspoon.com
info@twistedspoon.com

IMAGE TO WORD 4

Earlier versions of some of the poems previously appeared
in *B O D Y*, to whose editors we are grateful.

Printed and bound in the Czech Republic
by Akcent, Vimperk

Distributed to the trade by

CENTRAL BOOKS
www.centralbooks.com

SCB DISTRIBUTORS
www.scbdistributors.com

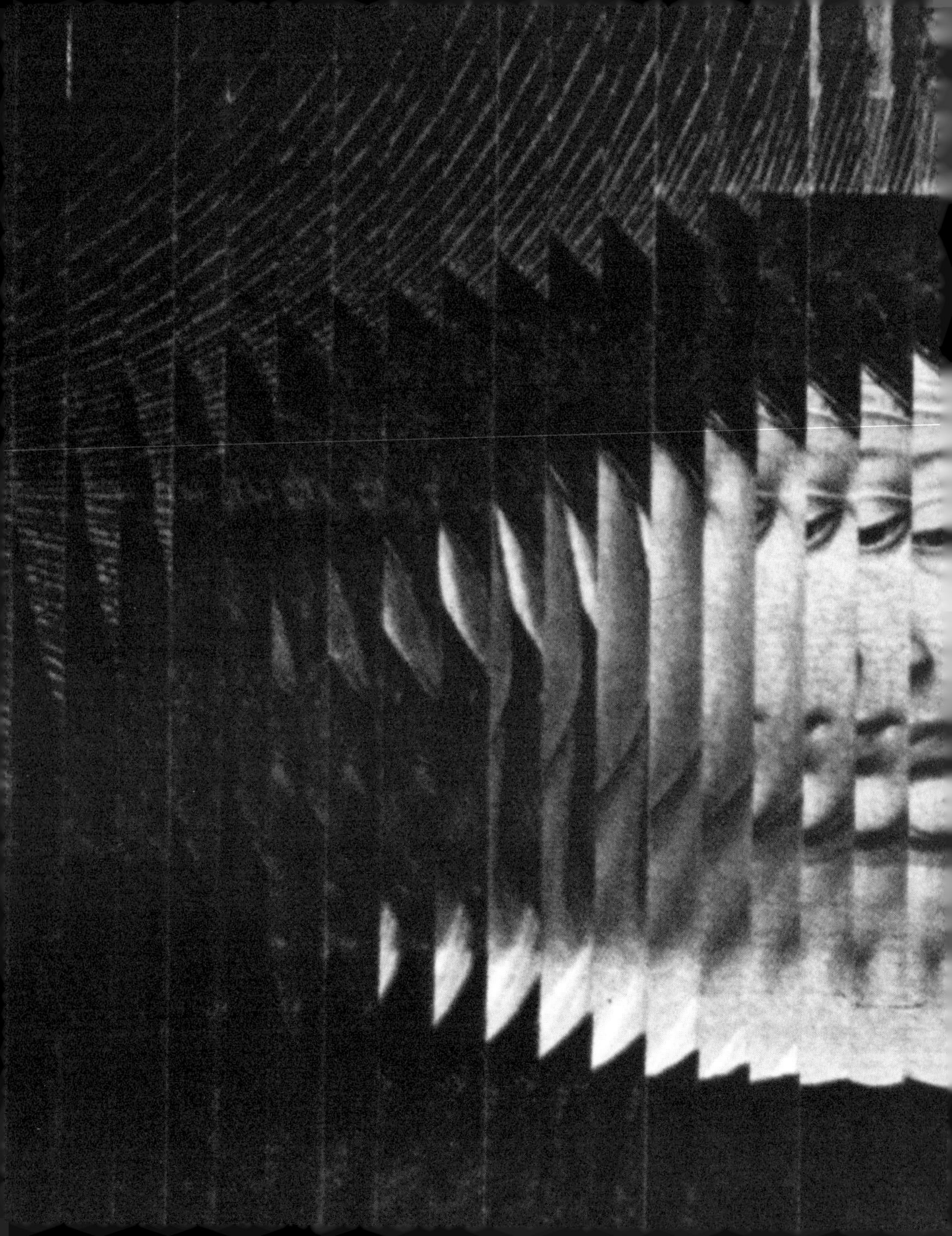